一场共享经济盛宴
以共享单车为例

林宸　华挺　蒋中铭　程世东 / 著

A FEAST
OF
THE SHARING ECONOMY

人民日报出版社

图书在版编目（CIP）数据

一场共享经济盛宴：以共享单车为例 / 林宸等著.—北京：
人民日报出版社，2017.5
ISBN 978-7-5115-4633-3

Ⅰ.①一… Ⅱ.①林… Ⅲ.①投资—研究
Ⅳ.①F830.59

中国版本图书馆CIP数据核字（2017）第073313号

书　　名：	一场共享经济盛宴：以共享单车为例
作　　者：	林宸　华挺　蒋中铭　程世东
出 版 人：	董　伟
责任编辑：	蒋菊平　刘天骥
版式设计：	九章文化
出版发行：	人民日报 出版社
社　　址：	北京金台西路2号
邮政编码：	100733
发行热线：	（010）65369527　65369512　65369509
邮购热线：	（010）65369530　65363527
编辑热线：	（010）65369528
网　　址：	www.peopledailypress.com
经　　销：	新华书店
印　　刷：	大厂回族自治县彩虹印刷有限公司
开　　本：	710mm×1000mm　1/16
字　　数：	180千字
印　　张：	15.25
印　　次：	2017年6月第1版　2017年6月第1次印刷
书　　号：	ISBN 978-7-5115-4633-3
定　　价：	39.00元

目 录
CONTENTS

001 | 没有硝烟的战争

对于投资人来说，他们看到了一个被忽略的巨大刚需市场和一个已经被验证可行的商业模式。短短几个月，几十亿元风险投资涌入共享单车市场。身为 ofo 的投资人，金沙江创投董事总经理朱啸虎在谈到投资逻辑时认为，能做起来最好，公司会长成独角兽；如果做不起来，凭借校园市场也能到创业板上市。

一	"宁可站队选错对象，也不能错失风口"	004
二	跟风与抄袭，创业企业永远的痛	009
三	共享的是单车，角力的是资本	014
四	技术与人海，谁能更胜一筹？	019
五	口碑：检验产品的试金石	024
六	共享单车能盈利么？	028
七	共享经济的考量：赢家能否通吃？	041

057 中国离男人绅士、女子优雅还有多远？

共享思维的核心是共享、分享商品或服务，消费者没有所有权，只有使用权，按次消费即可，非常简单。可这也会令商品呈现出一种特殊状态，部分人看不清楚商品的所有权属性，误以为是"无主之物"，因此产生私自占有心理，从而上演"公地悲剧"。

一	共享单车成为公民素质的"照妖镜"	058
二	"不拥有"，可以；"不负责"，不行！	069
三	共享单车动了谁的奶酪	094
四	用法律和技术遏制"公地悲剧"	113
五	共享单车助力信用社会建立	123
六	共享思维或将颠覆千年财富观念，引爆新一轮中国奇迹	132

141 | 看得见的手，边界也要看得见

政府数量管制效果存疑，市场出现的问题最终将由市场解决。由于共享单车模式具有互联网创业的特征，在一定时间范围内的规模之争不可避免，这是市场竞争的必要阶段。共享单车企业最终需要靠合理的盈利模式谋得生存，那些没有市场支撑的企业终将被市场淘汰，从而达到供需平衡状态。所以，政府管理者无需对供需失衡这种能够通过市场调节的问题过分担忧，市场出现的问题最终将由市场解决。此外，对共享单车的投放进行数量管制的提议也难以落实，这是因为一方面政府并不能比企业对市场需求做出更合适的判断，另一方面由于很难做到数量管制下的公平分配，会一定程度上造成市场的不公平竞争。

一 共享单车做了一件政府做不好的事	144
二 看不见的手拥有自我修复能力	168
三 他山之石：看国外政府如何创造条件助推自行车复兴	195
四 宽容新事物，治理宜疏不宜堵	203

附录一 关于鼓励和规范互联网租赁自行车发展的指导意见（征求意见稿） 226

附录二 解读《关于鼓励和规范互联网租赁自行车发展的指导意见（征求意见稿）》 232

没有硝烟的战争

对于投资人来说，他们看到了一个被忽略的巨大刚需市场和一个已经被验证可行的商业模式。短短几个月，几十亿元风险投资涌入共享单车市场。身为ofo的投资人，金沙江创投董事总经理朱啸虎在谈到投资逻辑时认为，能做起来最好，公司会长成独角兽；如果做不起来，凭借校园市场也能到创业板上市。

如今，如果你没有骑过共享单车，那么你就OUT了。共享单车一夜之间，火遍了全国。

2016年4月，摩拜单车逐步开始在上海的街道上投放，并由此打开了共享单车的大门。摩拜单车是一种没有停车桩、用二维码开锁、GPS定位、手机APP计费的共享自行车服务，橙色的车身比传统的城市公共自行车更加炫目，很快成为上海最新潮的出行方式。

摩拜单车怎么用？用户通过摩拜单车手机APP，可以随时查看单车位置，预约并找到该车。用户须支付299元押金（随时可以退还），并实行1元/半小时的收费标准。通过扫描车身上的二维码开锁即可开始骑行，到达目的地后，在街边画白线区域内手动锁车完成归还手续。为了降低寻车时间成本，单车内置的GPS会显示定位，摩拜也鼓励用户上传停车位置照片方便下一个用户找车。

作为摩拜主要竞争对手的ofo切入点在校园，用户群一开始主要是大学生。小黄车由于来源就是普通的单车，所以造型与传统自行车并无二致，只是刷了柔和醒目的黄色油漆以便识别。ofo的创始团队来自北京大学自行车协会，这群骑行爱好者最初的创业计划是近郊骑行旅游，

2015年9月开始决定做校园共享单车。他们从天津和深圳的自行车工厂采购车辆，300元的车子，喷上黄漆，加上车牌和四位密码锁，然后摆到校园里。用户在APP上输入车牌号，获得三位密码后就能打开车锁。收费模式分为两种：师生认证用户，每小时5毛钱；非师生认证用户，每小时1块钱。这个产品很快在北京的5所高校流行起来。日单量超过1万，每辆车平均每天使用7次，这意味着3个月就可以赚回一台车的成本。

ofo的第一目标是快速抢占市场。"我们的优势是车骑起来舒服，而且可以让更多人看到车。"ofo一位负责人称。ofo目前的供应链每天能够生产1万辆单车。ofo CEO戴威也一再提道，ofo理念不是生产自行车，而是连接自行车。ofo希望通过连接自行车品牌的车，完成技术、设计、供应链等多方面的布局。

共享单车概念真正火起来是在2016年下半年，当时整个资本市场都开始沸腾。以北京为例，在这座空气质量不佳、机动车道异常宽阔、对自行车不太友好的城市里，共享单车令人意外地受到追捧，增长速度喜人，甚至出现了许多每天骑行数十公里的重度用户。

一 "宁可站队选错对象，也不能错失风口"

2016年被称为"共享单车元年"，共享单车也被认为是2016年TMT领域（电信、媒体和科技）唯一的亮点，随之而来是资本的疯狂涌入。从2016年下半年开始，共享单车行业开始不断爆出巨额融资的消息。据不完全统计，截止到2017年4月共享单车投资领域融资额已高达70亿元。融资频率与融资金额都将当年的打车软件公司滴滴与快的甩在身后。在融资竞赛中，扮演重要角色的是处于第一梯队的摩拜和ofo。截止到2017年4月，双方各自进行了7~8轮融资，各自的累计融资规模均在30亿元上下。根据公开资料显示，摩拜目前已进入D+轮融资，总融资额约为3.55亿美元（约人民币24.5亿元）；ofo已进入D轮融资，总融资额为5.8亿美元（约人民币40亿元）（红商网，2017）。跟在共享单车背后的投资方名单：高瓴资本、腾讯、华平投资、携程、富士康、华住、红杉资本中国、创新工场等站在摩拜身后；滴滴、经纬中国、东方弘道、天使投资人王刚、唯猎资本、金沙江创投、中信产业基金、Coatue Management等则给ofo提供弹药。

对于投资人来说，他们看到了一个被忽略的巨大刚需市场和一个已经被验证可行的商业模式。短短两个月，几十亿元风险投资涌入了共享单车市场。身为 ofo 的投资人，金沙江创投董事总经理朱啸虎在谈到投资逻辑时认为，能做起来最好，公司会长成独角兽；如果做不起来，凭借校园市场也能到创业板上市。此外，多数投资人均表示"宁可站队选错对象，也不能错失风口"（红商网，2017）。

表 1 摩拜单车和 ofo 融资情况分析

摩拜				ofo			
融资时间	轮次	金额	投资机构	时间	轮次	金额	投资机构
2015年10月	A轮	数百万美元		2015年3月	天使轮	数百万人民币	
2016年8月	B轮	数千万美元	腾讯、华平资本、红杉资本、启明创投、BAI贝塔斯曼亚洲投资基金、愉悦资本、熊猫资本、祥峰投资和创新工场、TPG、PGA、鸿海集团、淡马锡等	2015年12月	Pre-A轮	900万人民币	唯猎资本、弘合基金、金沙江创投、真格基金、经纬中国、滴滴出行、小米科技、DST、中信产业基金、Coatue、Atomico、新华联集团等
2016年8月	B+轮	数千万美元		2016年2月	A轮	1500万人民币	
2016年9月	C轮	1亿美元		2016年4月	A+轮	1000万人民币	
2016年10月	C+轮	近亿美元		2016年9月	B+轮	数千万美元	
2017年1月	D轮	2亿美元		2016年10月	C轮	1.3亿美元	
				2017年3月	D轮	4.5亿美元	

数据来源：Talking Data 移动数据研究中心

除了黄色和橙色的自行车，你可能还看到蓝色的小鸣单车、青色的骑呗单车、优拜单车……虽然你也许没听过这些名字，但它们已经从投资机构获得了上亿元的 A 轮融资，共享单车"彩虹大战"硝烟渐浓。

日前，支付宝宣布 ofo、永安行、小蓝、Hellobike、funbike、优拜等共享单车品牌与蚂蚁金服达成合作。从 2017 年 4 月 29 日起，用户可直接通过支付宝首页扫一扫解锁以上品牌共享单车，不用单独下载 APP，凭借信用免押金骑行，这对用户来说可谓是一大好消息。因为押金问题，共享单车曾陷入"圈钱"的风口浪尖，引发争议。

表2　共享单车融资情况分析

共享单车	成立时间	最近一次融资时间	融资轮次	融资金额
ofo共享单车	2015年8月	2017年3月	D轮	4.5亿美元
摩拜单车	2015年1月	2017年2月	E轮	亿元及以上美元
优拜单车	2016年6月	2016年12月	A+	1亿人民币
小鸣单车	2016年9月	2016年10月	B轮	未透露
骑呗单车	2015年7月	2017年1月	A轮	1亿人民币
小蓝单车	2016年9月	2017年2月	A轮	4亿人民币
永安行	2014年6月	2017年3月	A轮	亿元及以上人民币
Hellobike	2016年3月	2017年1月	A+轮	未透露
一步单车	2016年9月	2016年11月	A轮	2亿人民币
破风骑行	2015年4月	2015年7月	天使轮	1000万人民币

注：以上为部分共享单车平台，数据截至2017年3月13日。

数据来源：蓝鲸TMT网

2017年3月底，摩拜接入微信，借着微信近9亿用户，一月之间，摩拜单车月活跃用户量环比增速超过200%，新增2400万注册用户，也创下共享单车行业最高纪录。作为摩拜单车的投资方，接入微信也在情理之中，腾讯提供给摩拜的资源和战略支持，使其成为共享单车的巨头之一。

摩拜独霸微信，ofo、永安行等抱团投向支付宝，在2017年4月底ofo成功接入滴滴出行，同时背靠阿里和滴滴，ofo在流量大战中铆足了劲。而今移动支付的主要平台微信和支付宝都有了共享单车的身影，不可否认，这样的合作是双赢的。

"现在的APP要获得新用户，成本很高，获得大APP的导流，这对共享单车用户量的扩大，无疑有很大好处。对用户来说，也避免了手机上下一堆APP的尴尬。"一位共享单车的投资人说。

2016年11月至2017年2月，共享单车活跃用户总体呈上升趋势，由于春节因素，2017年春节周共享单车活跃用户规模受到影响，但在春节后迅速回升。以摩拜单车为例，2月末活跃用户规模达到最高值，为769.3万人，相较2016年10月末，增长455.7万人，增长约2.5倍；摩拜单车目前在整体出行用车服务行业中渗透率已达13.9%（艾瑞咨询，2017）。

2017年2月，主要共享单车覆盖率排名中，摩拜单车覆盖率为0.72%，排名第一，其次是ofo，覆盖率为0.35%；其余共享单车的覆盖率均较低。从变化趋势来看，摩拜和ofo增幅均较高。

图1　共享单车APP表现分析

数据来源：Talking Data 移动数据研究中心

在已投放的城市共享单车市场投放几近饱和,通过野蛮的线下投放来争夺市场效果甚微,不难看出当下战场已经转移到线上,单车之争还未结束,线上竞争更多的演变成巨头之间的流量竞争和资本击鼓传花的较量。

二 | 跟风与抄袭,创业企业永远的痛

下面我们以摩拜和 ofo 为例介绍一下共享单车模式。

摩拜靠自建工厂、技术创新做成了全球首家无桩智能共享单车。摩拜单车是经过专业设计的。第一代车型全铝不锈车身、防爆轮胎、无链条的轴传动、整个单车可达到五年高频次使用条件下无须人工维护的标准,坚固耐用。同时外观时尚醒目,方便人们找车的同时,也是城市里一道独特的风景。50% 以上的共享单车用户是 80 后。对他们来说,酷和设计感很重要。他们会因为方便选择就近的单车,但不会因此爱上一个品牌。与专车不同,共享单车的最佳传播方式是投放车辆,颜色醒目的自行车本身就是最好的广告。

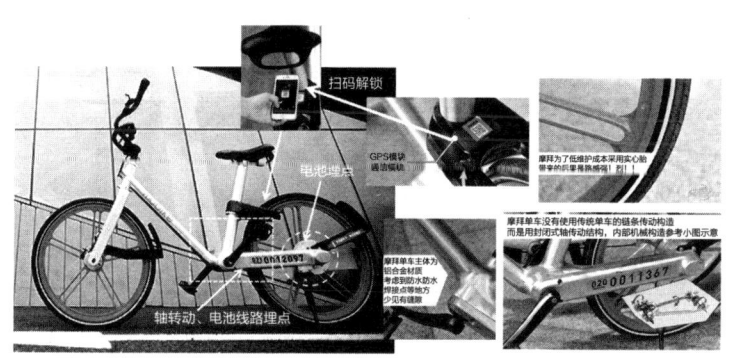

图 2　摩拜第一代车型

王晓峰想要"更刺激而冷峻地解决一些实际问题"。前期摩拜做了很多调研,研究人们为什么不再骑自行车了——怕丢怕偷、车丑、车贵、怕掉链子、怕生锈、怕经常要打气、上下车较为困难,等等。

为了给自行车安装GPS定位,摩拜初期选择了骑行发电的系统来给自行车充电,这也是为什么经典版摩拜单车有时骑起来会很费劲,因为用户在骑车的同时也在为电机充电。

第一代经典款摩拜单车的零件供应商几乎都不来自传统的自行车供应链。初期的生产成本据外界估算高达6000元一辆,如今仍在3000元左右徘徊。它电动锁的电池用的是与Tesla一样的松下锂电池;全铝车身也来自行业外,因为自行车工厂不具有焊接这么多铝材的工艺。这些设计不仅把摩拜单车造价推高,也限制了它的产能。

另一边,ofo也在快速学习摩拜。第一代ofo车型就是26寸家用车,骑行体验远好于摩拜第一代车型。等到3.0版新车,ofo单车的轮胎变成了实心胎、车架变成稳固的三角形;而正在研发的4.0版车型上据说将安装带有GPS的智能锁,成本则接近1000元(ofo.so,2016)。这些新增特征都与摩拜单车很相似。

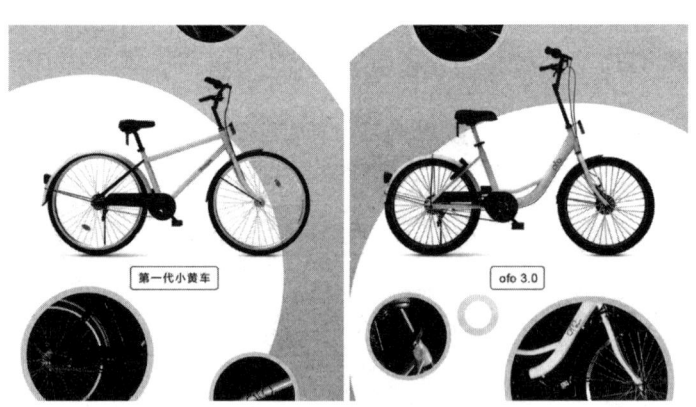

图3 ofo共享单车第一代和3.0版

图片来源:ofo.so,2016

2016年9月，北京街头，摩拜单车旁边出现了很多小黄车。没多久，摩拜单车CEO王晓峰就找到了愉悦资本创始人、摩拜单车投资人刘二海，告诉他摩拜单车想要马上推出新车型。刘二海意识到，这是一个"关键节点的关键决策"。其实，Lite版本早在ofo刚刚出现在上海时就已经准备好了，但最终因为达不到四年不坏的标准，这一方案没有被采纳。可是，ofo的出现使得摩拜必须跟进。2016年10月17日，摩拜推出轻骑版车型。设计与传统自行车类似，采用链条传动，价格降至0.5元／半小时。免修标准从原来车型的四年降到两年，供应链全部来自传统自行车行业。

图4　摩拜轻骑版Lite

摩拜并没有停止自己创新的步伐，在2016年11月16日又宣布推出新一版车型，增加了车筐和可调节座椅，仍然用轴承传动来防止掉链子，但骑起来与链条自行车一样轻松。在11月16日的新版本车型中，难骑的问题被技术性地解决了（摩拜单车，2016）。而到了2017年4月25日的新版"风轻扬"车型，摩拜单车则变得更轻更好骑了（摩拜单车，2017）。王晓峰表示："这个市场太新了，没有参照，很多实验室里的标准在实际运营后会再调整。我们看到的是的确有很多用户对舒适性和价

格很敏感。"(摩拜单车，2017)

与创新相对的就是抄袭。由于自行车并不是太复杂的硬件，创业公司不可能依靠专利获得永远的优势，共享单车的硬件正逐渐变得相似起来。GPS智能锁、实心轮胎、铝质车身正逐渐成为这个行业的"新标准"。

图5 市场上主要共享单车对比

数据来源：《第一财经》

以"永安行"为例，永安行是一款引导城市绿色共享出行的服务平台，覆盖全国210个城市的30000个共享单车服务站的800000辆共享单车。具有扫码租车、站点车辆信息查询、个人骑行记录查询、个人碳积分查询和个人碳交易等丰富功能（王锐，2017）。早在2015年6月，永安行就已经进行了首次IPO预披露。2017年3月25日，据中国证监会官网信息披露显示，永安行已递交了新版的IPO申报稿，欲公开发行2400万新股，占其总股本的25%、每股面值1元，于上海证券交易所上市，计划募资约5.98亿元，资金将用于技术研发中心建设、补充公共自行车系统建设、偿还银行借款等（新浪科技，2017）。

除了永安行,还有小鸣单车、小蓝、Hellobike、funbike、优拜等共享单车品牌一同在共享单车市场中角逐,有网友笑叹:"共享单车最大的问题是找不到颜色。"

三 | 共享的是单车，角力的是资本

共享出行市场的规模

随着社会的发展，人们的出行方式日趋多样化，短途出行、长途出行都有相应的方式来满足人们的需求。2010年共享出行开始起步，易到用车和滴滴打车等企业纷纷获得巨额融资。经过两年多的发展，市场进入激烈竞争阶段，群雄并起，Uber进入中国市场，补贴大战愈演愈烈，中小平台多有死亡，头部企业开始谋求共赢，2015年2月滴滴打车和快的打车宣布合并等。2016年共享单车热潮来临，引起资本追逐，共享汽车也进入用户视线，共享出行需求不断延展，行业发展持续创新。

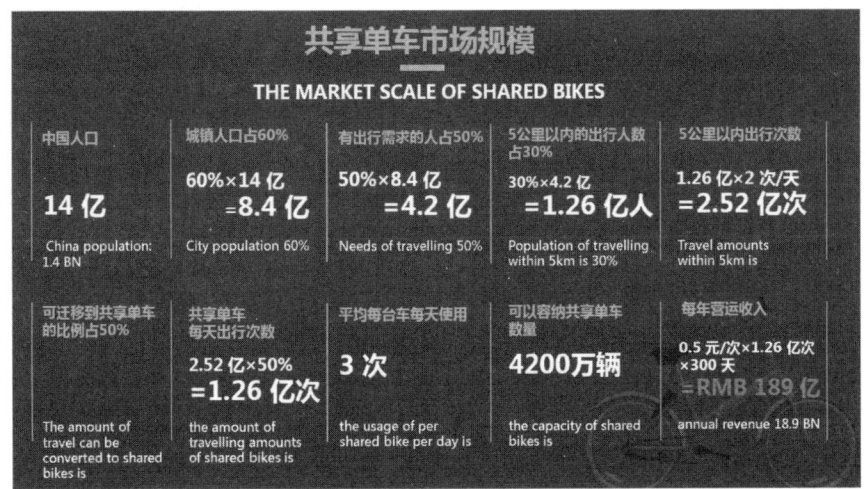

图6 来自富强资本的共享单车市场规模剖析图

数据来源：富强资本（《小鸣单车计划书》，2017）

就目前情况来看，共享单车参与者超过30家，包括摩拜、ofo等吸引到巨额融资的公司，也有新入局的共享单车企业。竞争者虽多，但从本质来看，共享单车是硬件的竞争，只有雄厚的资金才能玩转，所以归根结底还是头部几家企业背后的资本在角力。

图7 共享单车市场的主要参与者

数据来源：Talking Data 移动数据研究中心

共享出行发展历程

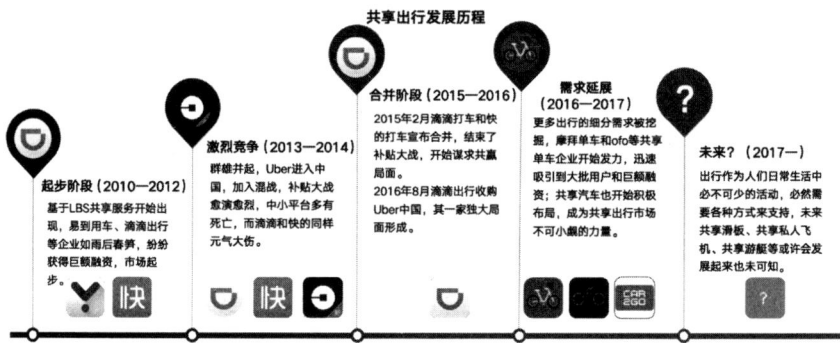

图8　共享出行发展历程

数据来源：Talking Data 移动数据研究中心

自行车共享交通系统概念源于欧洲，发展历程经历了以下四个阶段（王锐，2017）：

萌芽期　1965年荷兰阿姆斯特丹市推出"白色自行车计划"以及1974年法国拉罗谢尔市推出著名的"黄色自行车"（Velosjaunes）系统。

雏形期　以哥本哈根市的"Bycyklen"和"City Bikes"作为代表，拥有特定的存取地点，整合了货币存取车辆的机械锁系统，并对车辆零部件进行了特别的设计。

成长期　这一阶段增加了大量的高科技，如计算机技术、电子、信息集成、无线通信和互联网等技术，以及反盗窃装置，如智能卡、电子锁等应用于系统之中，并对自行车实时定位，使系统的管理方式发生了根本性的变化。法国的"Veloala Carte"和"Velo'v"系统均为法国的自行车共享项目做出了极大的贡献。

成熟期 2008年，华盛顿特区以及周边的自行车共享系统与公共交通进行了有效的衔接，智能、高效、环保以及多样化的共享自行车服务功能等待我们去挖掘。

起源于欧洲的共享单车在2007年进入中国。在2015年之前，共享单车主要由政府倡导；到了2015年，ofo共享单车成立以及2016年摩拜单车进入市场，共享单车才慢慢被大众所熟知。按照经营主体的不同，我国的共享单车发展可分为以下三个阶段（王锐，2017）：

* 2010年以前：共享单车系统由各个地方政府主导，以城市为界实行区域统一管理，此时的共享单车主要表现为城市公共自行车租赁系统。

* 2010—2015年：共享单车行业逐步向企业为主导转型，出现了多家专门承包市政单车并把控单车环节的综合服务提供商。2010年永安行在常州成立，并承接浙江台州、苏州、上海松江的公共单车系统并成功运营。

* 2015年至今：我们熟知的共享单车开始大规模地出现。经营模式不再是简单的承包市政单车，而是利用互联网技术直接为市民提供单车服务。

共享单车的产业链

共享单车产业链逐渐成熟，上游供应商是关键，衡量着企业的量产能力和迭代更新速度；物流连接过程中带来的问题以及寻找下游最适合的盈利模式仍需探索；在拓展盈利模式的同时需思考其可能性，例如，车身广告投放对城市容貌带来的影响，与景点、骑行俱乐部的合作会面临用户体量小等类似问题。

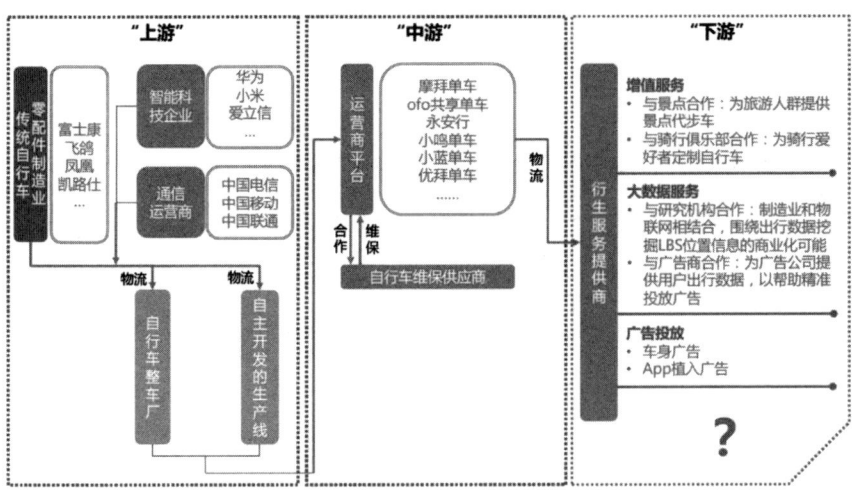

图9　共享单车产业链

资料来源：艾瑞咨询

四 | 技术与人海，谁能更胜一筹？

在共享单车起步初期，摩拜并未采取任何补贴方式来鼓励用户的骑行。与摩拜相比，ofo 则选择了跟滴滴如出一辙的用补贴和免费买用户的激进策略。2017 年开始，ofo 频频祭出免费玩法，要么以雾霾等名义赠送代金券，要么干脆宣布某一天为"免费日"，每周数次。目前，ofo 采用分享红包的形式为用户提供打折券，但摩拜并未采取任何补贴方式来鼓励用户的骑行。在社交媒体上，摩拜和 ofo 都利用自己的微信公众号和微博官方号与用户互动。它们还常常通过蹭热门话题和秀明星参与来增加流量，吸引粉丝，提高关注度。摩拜和 ofo 都没有开展大量的地推活动，也没有投放铺天盖地的广告来吸引用户，而是把大量的资金投入车辆的生产研发。

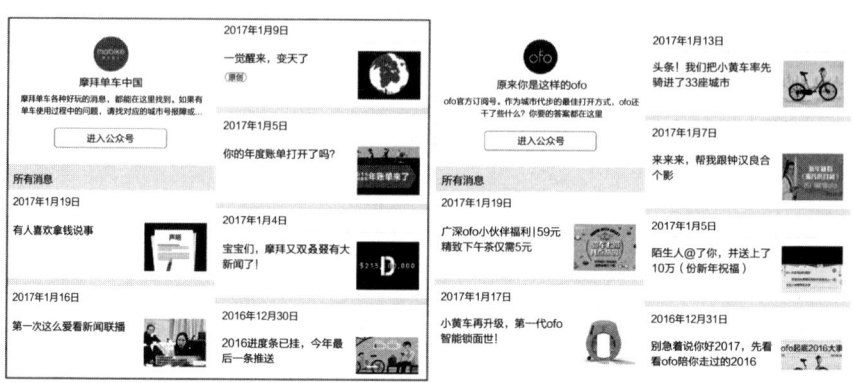

图 10　2016 年微信平台上的摩拜和 ofo

资料来源：网络公开信息

从 2017 年起，摩拜发起了一系列的营销攻势：

* 2017 年 3 月：白色情人节摩拜求婚大作战：魔都上演女博士后求婚大作战，摩拜单车助其一臂之力。

* 2017 年 3 月：摩拜周末免费骑行 3 天，联合龙之谷手游推出定制福利。

* 2017 年 3 月：联合成都万达影城，推出摩拜观影季。

* 2017 年 3 月：摩拜在北京举办"夺宝'骑'兵"发布会，宣布"摩拜红包车"在全国上线。

* 2017 年 3 月：联手成都万达 1 号，联合推出主题公园嘉年华。

* 2017 年 3 月：摩拜宣布入驻微信"九宫格"，获海量用户入口。

* 2017 年 4 月：联合贝客对外开启"摩拜·贝客主题公寓"的免费体验试住活动。

* 2017 年 4 月：轻食老品牌 Wagas 联合摩拜营销共同追求"轻生活"。

而老冤家 ofo 也不甘落后（陈薪琪，2017）：

* 2016 年 11 月，ofo 在双十一搞起了脱单配对活动。
* 2016 年 12 月，ofo 在圣诞节派圣诞男团全城浪漫派花活动。
* 2017 年 1 月，ofo 推出周末免费骑车活动，并在春节 7 天假期中，率先宣布其所有小黄车全部免费。
* 2017 年 2 月，ofo 在情人节开启"爱的骑迹情侣骑行挑战"。
* 2017 年 3 月，ofo 与蚂蚁金服旗下的芝麻信用达成战略合作，只要芝麻信用分在 650 分以上，即可免去 99 元用车押金，直接享受 ofo 的共享单车服务；更重要的是，用户可以在支付宝 APP 端直接扫码解锁单车。
* 2017 年 4 月，ofo 创始人戴威宣布 ofo 接入滴滴。
* 2017 年 4 月 16 日，ofo 启动红包车，北京、上海、广州、深圳、成都、天津用户可参与抢红包。并且，ofo 的红包最高可达 5000 元。规范用车，并在结束后将车辆停放在指定自行车停放区以内，获得大红包的概率将大大增加。
* 2017 年 4 月，上海首家麦当劳 ofo 主题旗舰店正式上线。全城寻"鱼"、骑行如"鱼"等有趣的活动更是由餐厅延续到全城，用户完成相应小任务就可到麦当劳活动餐厅兑换超值工作餐。
* 2017 年 4 月，鹿晗代言 ofo，凭借超强的明星效应，鹿晗吸引粉丝们骑小黄车出行，迷弟迷妹们不仅放弃打车，而且将 ofo 推荐给身边的朋友，ofo 成为众多鹿晗粉丝的新出行方式。

案例："红包车"背后的摩拜战略

经过早期的跑马圈地战，摩拜如今的战略已经开始向精细化运营转变。

摩拜于2017年3月23日在全国推出"红包车"新玩法——用户打开摩拜单车APP，除了可以看到周围的摩拜单车外，还有可能发现红包图标，也就是最新上线的"摩拜红包车"。具体玩法如下：用户可以通过摩拜单车APP的GPS定位找到"摩拜红包车"并解锁骑行，有效骑行超过10分钟即可获得奖励：不仅2小时骑行免费，更可以获得最低1元、最高100元的现金红包奖励。用户领取多个红包金额将进行累计，超过10元即可以通过支付宝提现。不久后，还将开通微信提现功能。用户领取红包金额与摩拜单车账户余额分开计算。

摩拜红包车推出的背后，其实是摩拜单车在逐步注重运营。此前在摩拜单车Lite版推出的发布会上，TechWeb曾就摩拜单车出现的地铁"潮汐现象"提问摩拜单车创始人胡玮炜："您是否认为这是一个需要改进的问题？如果这的确是一个需要改进的问题，摩拜单车会如何改进？要知道ofo已经开始展开人工运营模式，早高峰后将聚集在写字楼前的小黄车运送到地铁附近。"（TechWeb.com.cn，2017）

胡玮炜对于这个问题给予的回复是："摩拜单车的整个骑行是完整的生态过程，它自有循环流动的路径。当然我们也意识到了很多用户反映的这个潮汐现象，我们也的确在开始布局人力去进行人为调动。但是整体上，我们还是把摩拜单车的骑行放在整个城市交通运行的大环境中去考虑，骑行者是能够通过他们的骑行完成摩拜单车自然流动的。"（TechWeb.com.cn，2017）

2017年3月以来，随着多所城市出台共享单车监管试行方案，业内人士分析认为，共享单车的比拼已经进入了运营的比拼。从大规模的铺车战，到目前的管理运营维护战，共享单车的发展早已告别了狂飙突进的跑马圈地之争。

伴随着单车的损坏率上升、人工运营费用的提高、转运协调单车分步耗费的人力成本上升……以摩拜单车和ofo为代表的共享单车除了要不断输血保证车辆生产如常之外，更需要解决运营维护这些问题。

借鉴Pokemon Go的玩法，摩拜单车通过游戏的方式，鼓励用户更多地骑行摩拜单车，同时在骑行过程中，通过奖励政策激励用户积极参与到摩拜单车生态圈中（王蒙，2017）。其实简单来说，就是通过红包奖励，鼓励用户骑行，让局部车辆供需失衡情况得以改善，不再单纯依赖人力进行调度。每调度一辆摩拜单车背后都是需要付出成本的，而且在搬运过程中还会出现不可避免的损耗情况。一旦能够激励用户骑行，完成供需平衡，对于摩拜单车而言无疑会节省出一笔巨大的运营费用。

五│口碑：检验产品的试金石

根据速途研究院的相关研究，在现有用户的使用频率方面，大部分用户还没有对共享单车形成固定的使用习惯。可以看出，18.7%的用户平均一周也用不到一次共享单车。29.7%的用户表示平均每隔5~7天使用一次，22.7%的用户每隔3~5天使用一次，而每隔1~3天和每天都使用的高频用户分别仅占18.2%和10.7%。大部分用户只是在平台注册，并根据需求择期选择单车出行；高频用户则是在上学、工作中形成了使用习惯，早已成为共享单车的黏性用户。当前部分共享单车企业也在靠着补贴的形式获取用户、培养用户（速途研究院，《2016年中国共享单车市场报告》，2017）。

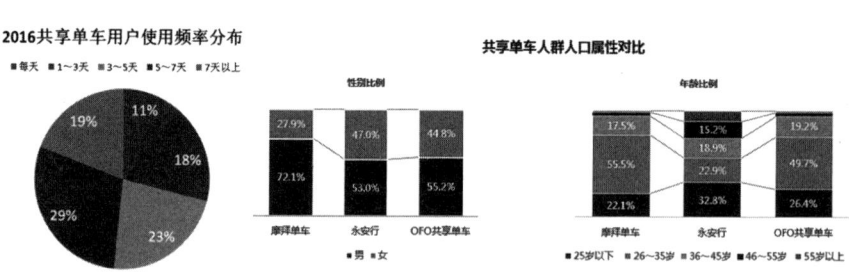

图11　2016年共享单车用户信息

资料来源：Talking Data移动数据研究中心

共享单车用户的规模方面,2016年共享单车用户激增至1886.4万人,预计2017年,我国的共享单车用户规模将逼近5000万。而到了2018年,我国共享单车的用户规模或将突破1亿,到了2019年将会增长至2亿(速途研究院,2017)。

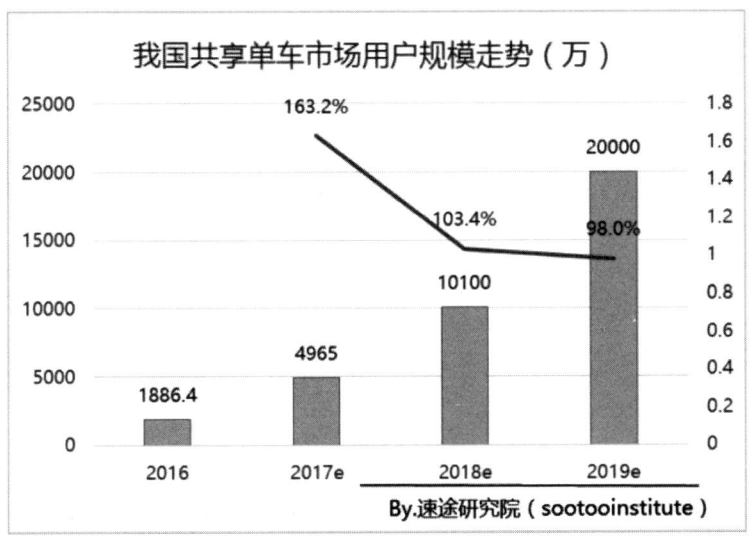

图12　中国共享单车市场用户规模走势(万)

数据来源：速途研究院(《2017年第一季度国内共享单车市场调研报告》,2017)

用户认知的主要途径是通过看到停放/骑行的共享单车及口碑相传得知。高频用户出行场景更加多元化,但是高低频用户出行场景均主要集中在地铁站/公交站/与家/商区之间的代步。道路拥挤度及空气质量是影响用户骑行意愿的关键因素,根据摩拜单车提供的信息,不同年龄层的用户骑行目的各不相同,而深圳地区用户骑行意愿最高,高峰持续到深夜(艾瑞咨询,2017)。

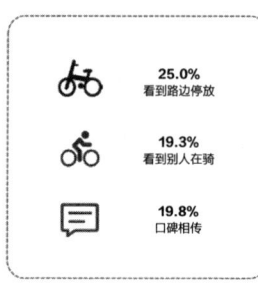

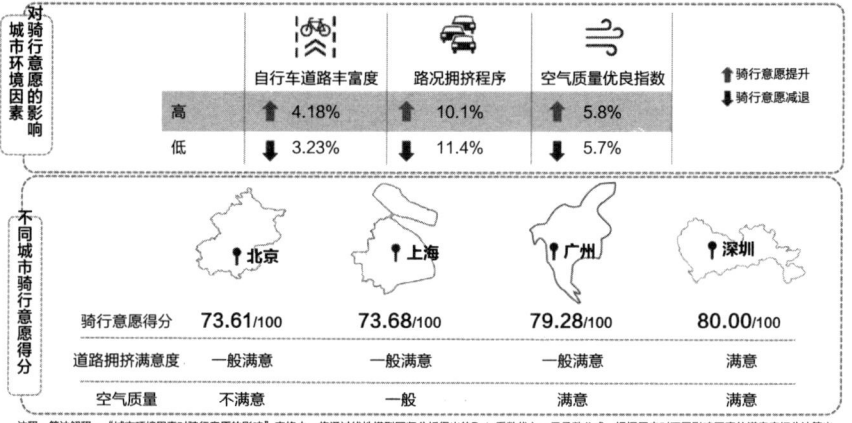

图 13　2017 年 1 月中国共享单车用户主要认知途径、出行方式和骑行意愿

数据来源：艾瑞咨询（《2017 年中国共享单车行业研究报告》，2017）

针对用户对共享单车的品牌认知度和好感度两个维度，速途研究院在全社会范围内，通过网络问卷的调查结果显示，在 5001 名受访者中，知道摩拜单车的占到了 24.3%，将近 1/4，ofo 认知度为 19.4%，不足 1/5。酷骑、小蓝、Hello bike、由你等单车品牌的认知度均不足 5%，最高的也仅 2.9%。用户对于共享单车的好感度方面，摩拜单车再度领先。从用户的反馈来看，ofo 极高的损毁率和复杂的机械式密码锁是其屡遭诟

病的症结所在（速途研究院，2017）。

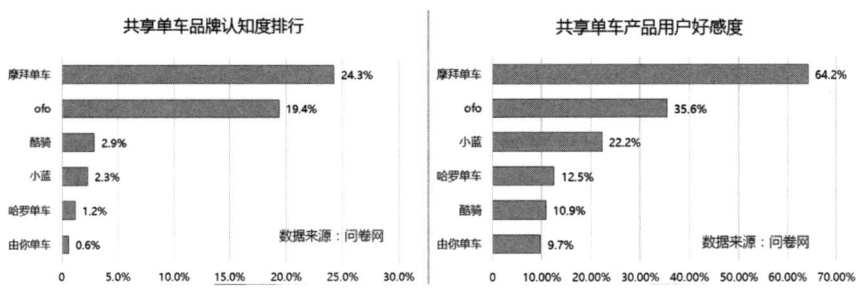

图14 共享单车品牌认知度和用户好感度

数据来源：速途研究院，(《2017年第一季度国内共享单车市场调研报告》，2017)

根据艾瑞咨询的数据，近七成用户会配合其他公共交通工具协同使用共享单车，而单次骑行时长主要在30分钟以内。超过六成的高频用户单次充值金额在100元以上，相对于低频用户，他们对共享单车的使用更为忠实、更有责任感。这些用户中，91.4%人群表示愿意对车辆问题及不文明使用情况进行上报反馈，其中64.2%用户会主动反馈，另外27.2%用户表示愿意反馈但不知如何反映情况。

六 | 共享单车能盈利么？

用户群体 & 定位："不拥有、不拒绝、不负责"

与有桩的传统城市租赁自行车相比，无桩的自行车不用担心停放在哪里，流转率也提高了。更何况，无桩还车机制完美接轨了80后、90后"不拥有、不拒绝、不负责"的生活方式，想不火都难。

这些用户，大多为中国的年青一代，也是"中国移动互联网原住民"，他们具有高孤独感、高话语权、高情感负担。好玩、好用、无负担、有个性表述的就是他们。围绕他们的关键词有："网红、爱豆、直播、海淘、共享、游戏、二次元"；"平等、表达、娱乐、品质"；"无责、归属、逃避宅"……难怪摩拜单车一经推出就火遍了朋友圈。

图 15　共享单车用户画像

数据来源：艾瑞咨询

用户体验：消费者心路历程（Consumer Journey）

消费者心路历程是一种描述用户在使用产品或者服务时的体验、主观反应和感受的方法。这个分析是完完全全从用户的角度进行的（内部的访谈和分析绝对无法推广到真实的用户身上）。下图的摩拜单车消费者心路历程分析图可以帮助我们关注到摩拜用户从最初访问到目标达成的全过程，而不仅仅关注某一个环节。该图也直观地告诉我们摩拜用户在每一个阶段的痛点，以及摩拜用户在每个阶段想要的是什么，还能帮助大家分析出摩拜产品在各个环节的优势和劣势，进而可以帮助我们更深入了解用户、辅助进行用户的分类;甚至可以帮助我们进行产品或服务的重构,帮助我们进行企业流程再造。

以摩拜单车为例,摩拜将自己的目标用户定位在一线城市的上班族、大学生等人群,旨在解决用户"最后一公里"的需求,以及开车堵、打车贵、走路远的痛点,也顺应了都市人群追求健康、绿色低碳生活方式的趋势。

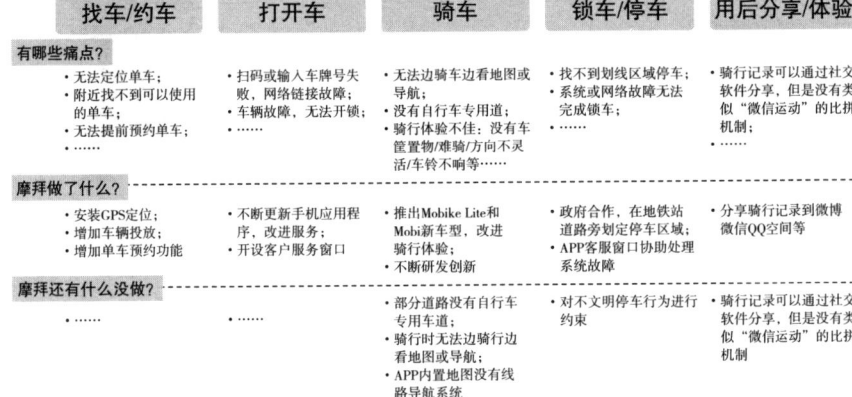

图16 摩拜单车消费者心路历程分析

从上图我们不难了解到摩拜单车为什么采用无桩,为什么采用了B2C模式,为什么要在每辆单车上安装GPS。

回归本质——消费者深度分析

在从消费者角度探究了共享单车现有模式后,我们再从公司的角度用几个经典市场营销理论来对共享单车消费者做一个深度分析。

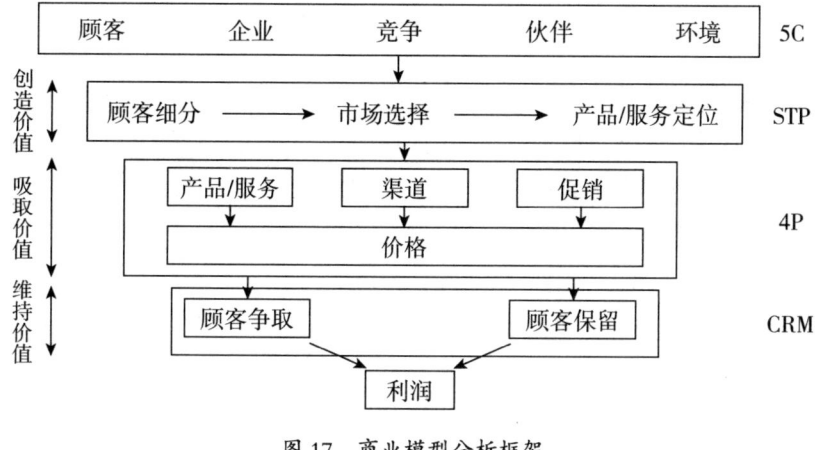

图 17　商业模型分析框架

1）SWOT 分析法和 5C 分析法

所谓 SWOT 分析，即基于内外部竞争环境和竞争条件下的态势分析，就是将与研究对象密切相关的各种主要内部优势、劣势与外部的机会和威胁等，通过调查列举出来，并依照矩阵形式排列，然后用系统分析的思想，把各种因素相互匹配起来加以分析，从中得出一系列相应的结论，而结论通常带有一定的决策性。SWOT 里的 S（strengths）是优势、W（weaknesses）是劣势、O（opportunities）是机会、T（threats）是威胁。按照企业竞争战略的完整概念，战略应是一个企业"能够做的"（组织的强项和弱项）和"可能做的"（环境的机会和威胁）之间的有机组合。运用这种方法，可以对研究对象所处的情景进行全面、系统、准确的研究，从而根据研究结果制定相应的发展战略、计划以及对策等。

5C 分析法中的 5C 分别指 Customer（顾客）、Company（企业）、Competitor（竞争）、Collaborator（合作伙伴）和 Context（环境）。5C 的核心则是顾客战略，通过对 5C 的分析，可帮助企业分析整个经营形势中的机遇和潜在威胁。

表3 举例——摩拜的5C与SWOT分析

	5C	SWOT	
		强项 (S)	**弱项 (W)**
顾客	一线城市年轻上班族；大学生；关注、接受新事物的中老年人。	科技与互联网。例如，摩拜走的是"产品+技术"模式，自行研发、设计并生产产品，比较符合年轻人个性化的追求的，以及使用时的二维码扫描解锁方便快捷，且不易被破坏，满足用户的需求且一定程度保护了自行车。 资本支持。 成为新的流量入口，掌握用户习惯以及使用数据。 ……	共享单车模式复制性非常。 车辆维护与维修成本高。 用户体验欠佳。 单车成本控制问题。 盈利模式。 ……
企业	北京摩拜科技有限公司是一家集互联网软件、智能硬件于一体的互联网科技公司。公司创立于2015年年初，总部坐落于北京海淀，在上海、江苏均有分部。		
竞争	其他共享单车平台，例如，ofo,小鸣单车、优拜单车、快兔出行、小蓝单车。		
合作伙伴	上游供应商（例如，与富士康达成独家战略合作，独家500万量级产能）、各地政府部门。	**机会 (O)**	**威胁 (T)**
环境	自媒体时代来临、微博微信等社交媒体广泛应用、APP的普及、绿色出行理念逐渐深入人心。	共享单车经济在2016下半年大爆发。 倡导环保，低碳出行备受关注。 自媒体时代，加速共享单车的推广。 政府合作。 ……	运营受季节变化、天气状况的影响较大。 容易被模仿，来自竞争对手和行业新进者的威胁较大。 政府政策性风险。 车辆的人为破坏以及亟待提高的国民素质。 ……

2) 4P分析法和STP分析法

我们此处采用的4P分析法基于4P营销理论。该理论认为市场需求在某种程度上受到所谓"营销要素"的影响，营销要素可归结为四个基本策略的组合，即产品（Product）、价格（Price）、渠道（Place）、促销（Promotion），由于这四个词的英文字头都是P，所以简称为4P。从本质上讲，4P思考的出发点是企业中心，是企业经营者要生产什么产品、期望获得怎样的利润而制定相应的价格、要将产品进行怎样的卖点传播和促销，并以怎样的路径选择来销售。

STP，是营销学中营销战略的三要素。在现代市场营销理论中，市场细分（Market Segmentation）、目标市场（Market Targeting）、市场定位（Market Positioning）是构成公司营销战略的核心三要素，被称为STP营销。其中，市场细分的概念是美国市场学家温德尔·史密斯（Wendell R. Smith）于20世纪50年代中期提出来的。使用STP分析法有利于选择目标市场和制定市场营销策略，有利于发掘市场机会、开拓新市场，有利于集中人力、物力投入目标市场，有利于企业提高经济效益。

表4 举例——摩拜的STP/4P分析

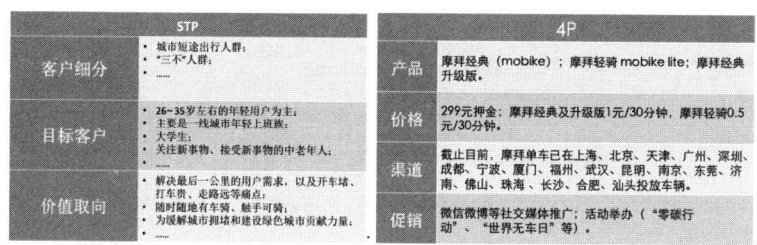

盈利模式分析

对于饱受"最后一公里"困扰的大城市用户来说,共享单车无疑是一项很棒的公共服务。但问题是,作为一门生意,它能赚钱吗?

以摩拜单车为例。早前,IDC中国(IDC China)分析师薛宇曾公开表示:"摩拜单车面临的困难将是找到一项既能收回成本又能持续让消费者感兴趣的定价策略。"就此,王晓峰是这么回应的:"一个对公众有价值的服务,最终肯定能找到赚钱的办法。"(WSJ科技,2016)

表5 摩拜单车主要运营数据(2016)

传统自行车厂4年免维护自行车成本报价	运营数据
车架:120 车轮:40+120 支架:30 脚踏:40 制动:20 传动:70 飞轮:20 挡泥:20 车座:20 单位:元 税+人工+管理+利润8%	• 每车每天使用7次,收入7元; • 每台车采购成本1500元,折旧年限3年; • 每年使用300天(考虑除去下雨天、雾霾等不适于骑车的天); • 每台车每天运营成本0.60元; • 每台车拉动10个用户; • 沉淀的用户的押金及预付的租金309元;(299元的随时可退押金和10元的平均充值费用) • 年利率算成8%; • 总投放100万辆。

表6 摩拜单车的16亿盈利

项目	金额	MEMO
每个用户押金	¥309.00	押金+租金残留，总共309元
用户人数	10000000	预估每台车拉动10个用户。
年利率	8%	押金类似无息贷款，成本比较低，稍高的年利率是正常的。
押金退回率	40%	摩拜车主要用户人群是26-35岁的金融业白领男性。预测40%的用户会退押金。
押金收入	¥148,320,000.00	押金是可退回的是客户的，不能算入收入。但是押金的收益可以算入收入。
每日每车使用（小时）	3.5	按Mobike公开数据，每车每天使用7次，平均每次半小时。
车辆投放数量	1,000,000	
Mobi收费	¥1.00	
天数	300.00	除去不宜骑车天气，每年有300天是有效天数。
车辆使用盈利	¥2,100,000,000.00	
其他业务利润	¥—	未来可以考虑广告营收。
Mobi单辆成本	¥1,500.00	采购成本
单辆报废残值	¥150.00	
预计使用寿命（年）	3	
单车折旧费（每年）	(¥450.00)	直线折旧，实际应为加速折旧。
总折旧	(¥450,000,000.00)	
单车运营成本	(¥180.00)	每辆每天运营费用0.6元，维修等成本尚未计算在内。
总运营成本	(¥180,000,000.00)	
EBITA	¥1,618,320,000.00	16亿！！

数据来源：向小田（《单车共享创业公司年利润16亿？厉害了我的哥》，2016）

根据测算，摩拜每年利润大概为人民币16亿元（向小田，2016）。2017年1月初，央行新出台了用户备付金新规。规定从今年4月起，支付机构产生的备付金需要统一存在央行或合作银行，并且不计算利息（中国人民银行办公厅，2017）。受到该政策影响，包括支付宝等在内的第三方支付机构总共将减少11%的收入。可见，想靠押金、年费赚钱比以往更难了。

然而，通过敏感性分析我们发现，对摩拜来说，没有押金和有押金之间对它最后的盈利影响并没有人们想象中那么大。2017年4月22日摩拜单车在北京召开"骑行让城市更美好"发布会。发布会上，王晓峰向外界"晒"出了摩拜这一年交出的成绩单，其中，目前摩拜单车累计投放超过365万辆智能共享单车（吕春荣，2017）。根据新的投放量我们做了一个敏感性分析。相比于押金收益来说，使用次数的下降对摩拜单车最后的盈利更加致命。当我们把使用次数从7次降到2次时，摩拜一下子就走向了亏损。

表7 敏感性分析法（Sensitivity Analysis）

	2017年4月	如果使用次数降低	如果没有押金
押金+充值	¥309.00	¥309.00	¥10.00
北京上海人口总数预估	44,000,000.00		
mobike摩拜单车覆盖率	0.08%		
用户人数	35200	35200	35200
押金收入	**¥870,144.00**	**¥870,144.00**	**¥-**
每日每车使用（小时）	3.5	1	3.5
车辆投放数量	3,650,000	3,650,000	3,650,000
Mobi收费	¥1.00	¥1.00	¥1.00
天数	300.00	300.00	300.00
车辆使用盈利	**¥7,665,000,000.00**	**¥2,190,000,000.00**	**¥7,665,000,000.00**
其他业务利润	**¥-**	**¥-**	**¥-**
Mobi单辆成本	¥1,500.00	¥1,500.00	¥1,500.00
单辆报废残值	¥150.00	¥150.00	¥150.00
预计使用寿命（年）	3	3	3
单车折旧费（每年）	(¥450.00)	(¥450.00)	(¥450.00)
总折旧	**(¥1,642,500,000.00)**	**(¥1,642,500,000.00)**	**(¥1,642,500,000.00)**
单车运营成本	(¥180.00)	(¥180.00)	(¥180.00)
总运营成本	**(¥657,000,000.00)**	**(¥657,000,000.00)**	**(¥657,000,000.00)**
EBITA	**¥5,366,370,144.00**	**(¥108,629,856.00)**	**¥5,365,500,000.00**

最后，抛开其他假设，我们简单地根据摩拜单车主要运营数据计算一下那个让摩拜单车盈利悬于一线的关键节点——盈亏平衡点（Breakeven）。也就是说，摩拜单车要保证每车每天被骑2次以上才能保证最后的盈利。

$$总收入 = 总成本$$
$$1RMB \times 300 天 \times 3 年 \times Q_{BE} = 1500RMB + 0.6RMB \times 300 天 \times 3 年$$
$$Q_{BE} = 2.27$$

图 18 摩拜单车盈亏平衡点的计算

那准备走 IPO 在主板发行的永安行的盈利模式又是什么样的呢？毕竟根据证监会的规定，主板上市最大的门槛其实是"连续 3 年 3000 万以上盈利"。明明被大家视作市场头部的 ofo 和摩拜还在探索商业模式，怎么很多人并不熟悉的永安行就突然通过了这一要求呢？

根据永安行递交的 IPO 招股说明书显示，永安行确实是盈利的，而且盈利还不少。2014、2015、2016 年三年，永安行实现归属母公司股东的净利润分别为 6830 万元、9336 万元和 1.16 亿元。期末总资产从 2014 年的 7.59 亿元增长到 2016 年的 13.08 亿元。

那么永安行的商业模式是什么，是否值得 ofo 和摩拜参考呢？

永安行成立于 2010 年，在过去的三年里，其主营业务一直不是"共享单车"，而是有桩自行车租赁系统的出售。永安行主要布局在中国的三四线乃至五线城市周边地区，通过与地方政府签约，垫资建设并运营当地的市政自行车租赁服务。招股书中说明，公司目前有销售和运营公共自行车系统业务和用户付费的共享单车业务两项主要业务，而其中前者占到永安行整体收入的 99% 以上。换句话说，永安行的盈利几乎不来自共享单车的 B2C 收费模式，而主要依托于过去几年流行的 PPP 模式。永安行真正开始做无桩共享单车的时间是 2016 年 11 月，并不比 ofo 和摩拜早，因此这部分业务也并不支撑永安行的盈利。

根据永安行官方的介绍，目前永安行已经在全国布局了 220 个城市和 80 万辆共享单车，如果你生活在一线城市一定会对这个数字产生质疑。

因为 80 万辆自行车与 ofo 和摩拜对外宣称的数字差不多，但我们几乎没有在城市街道看到大量的永安行自行车停在路边。原因很简单，在这 80 万辆已投放的自行车中，仅有 5 万辆是无桩自行车，并且分布在多个城市，找起来自然就如同大海捞针了。

永安行上市似乎是又一个快手和今日头条式的故事，在一线城市、"高端人群"和头部公司的市场之外，完成了对头部的狙击。作为第一个申请上市的共享单车企业，永安行长达 455 页的招股书可以视作目前公开资料中对共享单车行业分析最为透彻的报告。在报告中，永安行在极尽突出自己优势的同时，也不得不去面对自己的问题。与快手和今日头条相同，永安行同样面临着巨大的压力。甚至可以说是"现在不上市，就再也没机会上市了"。

尽管永安行可能有着目前共享单车企业中最健康的现金流，但如其招股书中的特别风险提示所述：永安行目前盈利所依赖的有桩单车运营刚好会被无桩共享单车所冲击。目前永安行的主要收入来自过去几年中与地方政府已经签订好的运营协议，在协议到期之前的短暂时间内不必像其他共享单车企业那样担心现金流问题，但随着无桩共享单车的发展，下一次合同续签周期（五年）到来时，很有可能出现收入断崖式的下跌。

为了解决对 PPP 模式的依赖，永安行简单描述了公司未来的发展走向，从中我们可以看到一些共享单车未来竞争的走向。

首先，永安行并不认为有桩共享单车会彻底退出市场。在三线以下城市，从社会环境、运营成本角度来说，无桩共享单车几乎不可能进入。此前卡拉单车在四线城市投放共享单车后一夜破产的故事证明了这一点。而单车与汽车不同，跨城联通的需求并不大，因此在一二线城市由 ofo 和摩拜主导无桩，三四线及以下城市继续由永安行主导有桩单车可能将是一种常态。

其次，由于采用PPP模式，永安行比其他共享单车企业更加在意政策的变化。尽管共享单车与网约车不同，涉及的利益纠葛较少，但随着共享单车乱停乱放、车辆损毁导致人员伤亡等现象的出现，共享单车并不是没有可能迎来一个网约车式的管制。此前上海质监局和地方自行车协会就联合出台了一系列共享单车的导向性意见，其中的条件对尚未找到盈利模式的无桩共享单车并不宽松。这也是永安行在摩拜、ofo等企业后来居上的情况下，对无桩共享单车的尝试十分谨慎的原因。

除此之外，有桩共享单车还有稳定性高、可维护性高、毁损率低等一系列特点，这些都是目前无桩共享单车的缺陷。虽然这有永安行为自己辩解的倾向，但永安行基于这些理由认为有桩和无桩单车的混合运营会是未来发展的一个主要趋势。

如果摩拜和ofo真的因为现有的问题无法下沉到三四线城市，又或者在后期始终无法解决盈利问题，是否会进军有桩单车市场？用有桩养无桩虽然依然拧巴，但是不是比"做公益"更符合商业逻辑？在竞争激烈的共享单车市场，可能只需要再发展半年就会得到答案。不过至少永安行的上市，让这个全在烧钱的市场有了一个新的看点。（腾讯科技，2017）

面临的问题：损坏与维护

尽管摩拜不惜血本将传统的自行车链条改为轴传动防止掉链子，还采用了实心轮胎来防止爆胎等，但是投入再多也逃不过一些用户的恶意损坏。摩拜和前海征信、芝麻信用的合作试图建立信用体系，对违停损毁行为进行惩罚处理。目前的管理方式还是以用户举报为主。

图 19　摩拜单车人为破坏照片

图片来源：网络公开信息

摩拜 CTO 夏一平说："科技只是一个辅助的手段。也许将来我们可以通过技术知道你把这个车停到了不该停的地方，也可以通过扣除信用分到 80 分，让你的使用费用变成 100 块每小时，但我们还是没办法知道你今天是否给我卸了个铃铛、脚踏板或者是破坏了坐垫，这些只能够通过用户自觉。"

北航的一位 ofo 管理员曾在媒体采访中提道，目前北航全校有 900 辆 ofo 单车，由 3 个管理员负责日常维护和修理，每天要修理 30~50 辆自行车。与摩拜单车相比，ofo 的车上没有 GPS 定位，这意味着用户和后台都不知道每辆车的具体位置。在校园时期，ofo 会雇用专人在校门口防止学生把车骑出校外，有时还需要学校保安帮忙。ofo 会划分片区，设定停车点，然后每天用电动三轮车把自行车搬运到合适的地点。它还会为每 500 辆自行车配备一位修车师傅，普通自行车的链条、车筐和座椅经常损坏。

ofo 共享单车，由于与其他平台的电子开锁方式不同，每次使用需要输入密码，而车锁和密码都是固定的，原则上如果把车牌和密码记下来，就可以免费使用。于是出现一批"羊毛党"，在一个 ofo 的密码共享群里，专门有人上传了破解 ofo 的视频教程和修改 ofo 密码的教程，群里的人都是冲着共享密码而来，官方骑行半小时 1 元钱的价格，在这里变成了 5 毛钱，甚至还有人 3 毛钱就能告诉你车锁密码。

与共享单车在中国遭到人为恶意破坏的乱象相比，在丹麦和荷兰等国民素质和人均收入较高的国家，自行车的破坏和盗窃情况会好很多。丹麦实现了全国主要城市的自行车停放和租赁全部免费，这在目前的中国似乎是难以想象的（乐骑 APP，2016）。

七 | 共享经济的考量：赢家能否通吃？

经济学人的《中国的科技开拓者》一文中提道："人们普遍认为，中国互联网公司仅仅是西方公司的模仿者，自己则无法创新。"现在，一个 100% made in China、没有山寨美国的互联网创新模式出现了。更为关键的是，共享单车的出现没有动到现有的奶酪，它是政府大力支持推广的绿色出行项目。

在纽约州长签署法案授权罚款 Airbnb 短租，中国政府开始对共享经济的领军人物滴滴进行政策限制和干预，共享经济的未来似乎一片黑暗时，共享单车异军突起。因为拥有足够的政治正确性，吸引了大量资本，所以发展迅速。

在共享单车这个市场里，技术引领者并不是一家硅谷公司，这意味着本土关系不会成为决定性因素。在未来，共享单车可能不仅仅局限于国内，国际市场应该也会有很大的发展空间。比如，2016 年 12 月 23 日，ofo 就已宣布进军海外市场，将首批 20000 辆单车投放在硅谷、伦敦、新加坡等地区；紧接着在 2017 年 1 月 23 日，摩拜也宣布与全球第一大科技制造服务企业富士康达成行业独家战略合作，独享五百万量级产能，总产能也将超千万。

摩拜单车CEO 王晓峰，这位前Uber上海区总经理，在朋友圈里写道：

一年前，市交委道路运输处的刘处经常找我开会并给我当时所在的公司开出了第一张罚单；今天，已调至市交委路政局的刘局来摩拜单车实地调研，鼓励摩拜发展共享自行车并给予政策支持。

图20 摩拜单车CEO王晓峰的一句感叹

资料来源：王晓峰的朋友圈

共享单车似乎非常聪明地选择了一种重资产自营的平台，解决了新生代移动互联网用户的一部分出行痛点。但是放眼未来，面对骑行的低谷、高损坏率、高昂的维护成本、激烈的竞争以及在各个环节随时可能产生的政策性风险，共享单车将往何处去？

根据哈佛商业评论，移动互联网商业模式创新是否成功，企业需要扪心自问四个问题：能否形成庞大的用户规模及用户黏性？能否为用户提供好的产品和良好的用户体验？能否形成可持续的盈利模式？能否打造良性发展的产业生态系统？这需要企业做好创新，做好现金流，实现超预期增长，做好生态圈，尤其是与线下的合作。

共享单车是否达到了赢家通吃的局面

共享单车要想达到赢家通吃的局面离不开平台商业模式。所谓平台商业模式,是把供需结合放在了同一平台,通过科技手段提高生产效率,使消费者的价值需求得到更大满足。因此,组织转型平台模式要充分运用互联网精神,发展共赢生态圈,从竞争到协同,把敌人变成合作伙伴,进而达成赢家通吃的初始目标。

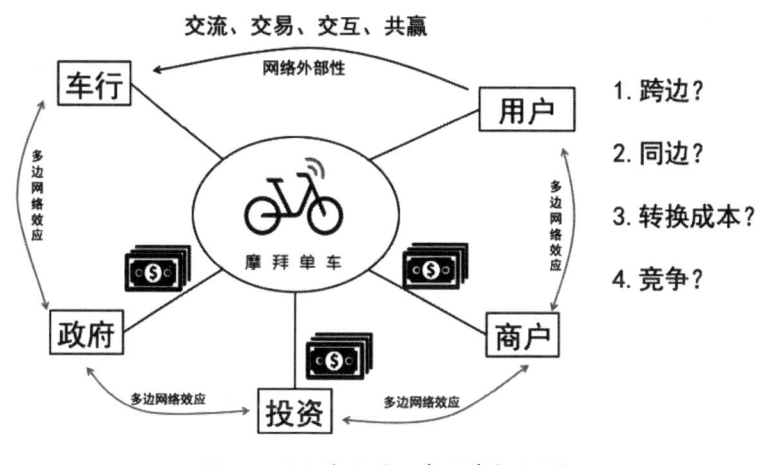

图 21　平台战略(以摩拜单车为例)

第一个叫作跨边网络效应。以前我们的模式是找到消费者的痛点,三十年磨一剑,自己做产品、技术、物流,把自己做得很有竞争优势,解决了消费者的痛点,这是传统思维。平台思维是要发现消费者的痛点,也发现有资源方可以专业地解决消费者的痛点。而平台就让资源方来服务消费者,帮他们把供需连接起来。所以摩拜做平台,是要把手腾出来做共享单车消费者的整体解决方案,做资源与需求的重合(陈威如,

2013）。现在共享单车行业吸引了众多线下合作伙伴的加盟，除了凤凰、富士康这些制造商，连肯德基都想来分一杯羹。在未来，骑行里程数也许可以转化成一种可用货币，在线下合作商户使用。

第二个叫作同边网络效应，就是消费的一种增值性。简单说就是你用了这个产品跟别人用产品之间要有关联，你用了以后增加别人用这个产品的好处，别人用了以后也增加你的好处。微信就是一个很好的例子，如果你是世界上第一个使用微信的人，微信一定很不好用。但当周围人都用微信了，你就觉得特别好用。但我们周围的大部分传统产品是没有网络效应的，比如咖啡厅或者是菜市场，一旦消费者很多就会拥挤，新的人就不愿意来了，这是负向网络效应。像微信这种有正向网络效应，每个人都想加入，最后，人多了，大者更大，赢家通吃（陈威如，2013）。

所以我们说，有同边网络效应的市场才会产生赢家通吃，不是每一个平台都有很强的同边网络效应。比如媒体，不收读者的钱，但收广告商钱，这就是一个双边市场模式。所以这些企业会看起来像平台，可它们的同边网络效应没那么强。譬如说我今天看《人民日报》跟别人看《人民日报》有没有关系？有时候有，因为假设报社有独家的话，读了报纸的人才会有共同话题。但如果没有这个独家的话，那其实大家看什么报都行，就没有集中看一个报纸的概念了。对于共享单车来说，就是鼓励更多的好友进入这个平台来使用。

第三个叫作转换成本，是指当顾客从一个产品或服务的供应商转向另一个供应商时所产生的一次性成本。对于共享单车来说就是APP下载成本和押金。目前来看，下载APP免费，于是更多的商家选择在押金上做文章。摩拜的押金最高，为299元；而ofo的押金为99元，通过与支付宝合作，如果芝麻信用达到650分，即可免押金。

腾讯掌门人马化腾希望腾讯和摩拜能够一同提供城市生活"互联网+"服务，而携程董事会主席梁建章表示，"相信携程和摩拜可以合力为城市旅行者打造无缝衔接的城市短途出行体验。"华平中国区联席总裁魏臻则表示："摩拜在资本、产品形态和运营能力上已经远远领先于其他共享单车品牌，其可复制性也通过最近几个月来的迅速城市布局得到验证。我们看好摩拜的高效运营模式、健康的财务状况以及未来巨大的发展潜力。"与上述几家公司的合作，摩拜能够更加紧密地切入城市生活与旅行的不同场景，触及更多潜在目标人群，进一步提升用户黏性和活跃度。

而ofo联合创始人张巳丁表示，ofo已经和全球30%的供应链签订了排他协议。1月12日，ofo宣布已连接单车80万辆，超过市场上其他单车投放量的总和。ofo官方数据称其日订单量也已超180万，成为继淘宝、天猫、美团、饿了么、京东、滴滴、易到、口碑后，中国第九家日订单量过百万的互联网平台。ofo同时宣布启动"2017城市战略"，计划从1月22日起，以"一天一城"的速度，连开16座城市，覆盖全国33座城市。到2017年年底把覆盖城市的数量提高到100座以上，将互联网式的拓展速度带到共享单车领域。

反观摩拜，"摩拜单车更看重价值观是否志同道合，以及投资机构是否可以给摩拜单车带来很多战略资源，可以给摩拜单车很大帮助"。王晓峰说："我们做的事情实在太复杂了，甚至比Uber还要复杂得多，Uber只要有钱招司机来就可以了，但我们司机招不来。"

王晓峰也表示，希望大家可以一同参与共享单车行业做生态，但不是简单粗暴地复制另外一个，应该看还有哪些环节没做好，有改进空间或新的机会。他说："哪怕是极微小的创新,都可以一起做大市场,这种生态协作的创新在硅谷的企业里比比皆是。盲目的跟风,弄得头破血流,倒不如一起来合作。看似简单的单车,我们已经在智能锁、物联网、GPS 数据、地图等很多层面与很多优秀的伙伴展开合作,接下来也会对外发布我们最新的一些合作成果。"尽管摩拜目前是完全自营的,但也有给未来平台合作方的想象空间。比如说,车轮产生的户外广告——车轮的辐条高速转动会在人眼产生残影,以此为原理可以显示文字,类似于展会上常用的广告小风扇。

图 22　车轮产生的户外广告举例

资料来源：中欧 MBA 施海昕

在这方面最新的消息是,ofo 还做起了骑行版的大众点评——2017 年 5 月 12 日,ofo 小黄车正式宣布上线"ofo 开放平台",面向全球合作伙伴开放 API 接口,合作伙伴可基于该接口将 ofo 的短途骑行服务集成至自己应用中,用户可在第三方应用内直接使用 ofo 的共享单车服务。在地图、出行、支付和美食等多种细分场景中,各类应用可以通过接入 ofo,为用户提供便捷的骑行体验并增加其用户黏性。对 ofo 而言,将其服务延伸到生活场景中后,也能帮助其建立自己的生态体系。

对共享经济的几点思考

1）共享经济究竟是什么

共享经济（Sharing Economy）又名分享经济、协同经济或是对等经济，是指这一类经济安排——资产所有者和用户共同享有使用、访问这些资产或是与这些资产相关的产品或服务的权利。通过利用先进的信息技术和多余的资源，共享经济搭建起了用户和供应商之间简单而广泛的联系。协同消费和共享经济的出现导致了市场新进者和现有企业之间竞争本质的戏剧性变化。例如，共享经济促成了许多知名创业公司的迅速成长，包括住宿公司（Airbnb）、社交媒体公司（Facebook）和金融机构贷款（Lending Club）。

共享经济，闲置资源价值再开发
从供给侧解决供需错配问题

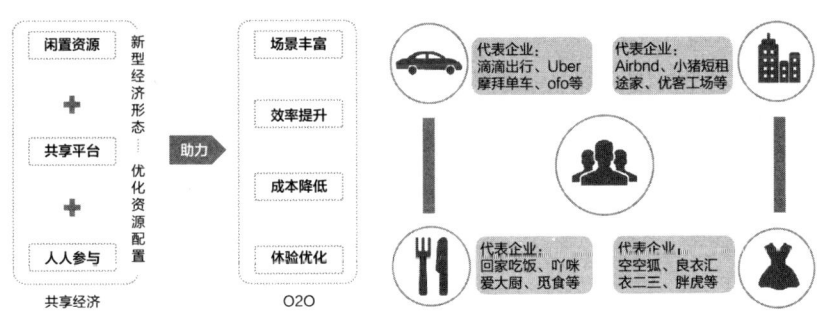

图 23 共享经济

资料来源：艾瑞咨询

Airbnb，一个只有7岁的初创公司，现在的估值接近300亿美元。这个估值比在全世界范围内经营、97岁高龄的希尔顿酒店的价值还多了近70亿美元。Airbnb也被誉为下一个最有价值的酒店公司。除了年龄和估值，Airbnb在全球191多个国家拥有超过200万可租用的房间，而刚刚合并的万豪和喜达屋却也只在全球110万个国家设有110万间客房。但是，事实上"世界最大的租车公司Uber其实一辆车也没有，最著名的媒体Facebook其实没有一句内容是它自己原创的，最大的零售商阿里巴巴其实没有属于它自己的库存，最大的旅馆连锁Airbnb其实自己一间房子都没有"（《纽约时报》）。

2）共享经济只是初创企业的事吗

在很多观察者眼中，共享经济只与初创企业有关，如旅行房屋租赁网站Airbnb和打车服务公司Uber。但实际上大公司也开始涉足分享经济，且分享的内容不限于房屋、汽车等有形资源，而延伸到技能、效用和时间等。通过高效便捷的合作模式和服务平台，分享经济能挖掘出各类资源的潜在价值。这片新市场空间涌现了借贷服务公司Lending Club（最近估值38亿美元）、大型开放式网络课程（MOOC）提供商Coursera、宠物借用平台Borrow My Doggy等企业。

过去四年中，Rachel Botsman研究了全球500多家分享型初创企业，并从中总结出一个分享经济创新框架。成熟企业可以利用这个框架把握分享经济的机遇。可能导致成熟企业被颠覆的五项弱点：系统冗余、信任缺失、服务受限、资源浪费和流程复杂；相应地，企业可以根据五项创新原则来反颠覆并创造价值：直接、授权、开放、高效和简捷。这个创新框架可以帮助企业及早发现自身弱点、防止被颠覆，并通过主动自我颠覆来占领或创造新市场（Botsman，2014）。

传统企业走向分享经济

- 传统企业怎么走向分享经济？
  - **直接参与，改变现有模式**
    - Marriott：2012年万豪集团与办公空间租赁平台LiquidSpace合作，按小时或天出租酒店会议设施。
    - DHL：2013年9月自己开发App——"Myways"解决最后一公里
  - **通过并购与投资参与**
    - Avis：2013年5亿美元收购Zipcar
    - Google：1.25亿美元投资Lending Club   ⎫
    - GE：3千万美元投资Quiky   ⎬ 传统企业主动对初创企业的投资
    - GM：3百万美元投资RelayRides   ⎪
    - BMW：投资了ParkatmyHouse和ChargeatmyHouse ⎭
  - TaskRabbit：和Pepsi、GE、Walgreens合作
    - 初创企业主动和传统企业的合作

图 24　传统企业走向分享经济的一些实例

资料来源：哈佛商业评论

3) 怎么看共享经济的商业模式

① 市场需求和竞争壁垒——决定能做多大

1. 是否租比买更划算？
   - 高购买单价VS低使用频次
   - 使用场景不确定
   - 使用场景受限制
2. 信息撮合是否高效？
   - 产品标准化程度：供需双方对于标品的判断更容易match上
3. 是否具有规模优势？
   - 先进入者随着规模扩张，密度增加提升网络效应，为后进入者树立门槛

② 单位经济——决定能否赚钱

- B2C：折旧摊销（购置成本）、运营费用
- C2C：双边的获客成本，抽佣能力

图 25　共享经济商业模式的考量

资料来源：启明创投

其实，租并没有比买更划算。在2010年，当雷切尔·博茨曼在Tedx Sydney上以租用电钻为例讲到共享经济时，他希望共享经济能够发展壮大的正是这类能够扎根社区、方便最大众人群的平台，如果你需要电钻，去平台上跟邻居租而不是买，如果你需要梯子，去平台上跟邻居租而不是买……用户对于一个平台最大的需求就是需要某件产品的时候能够迅速得到，对于社区租赁类平台来说，情况则往往不是这样。比如，当你某天着急需要一个电钻要安装一个东西的时候，很可能你打开网站后会发现在本社区有那么一两把电钻，但当你打电话咨询的时候却得知两把电钻的主人都不在家，而现在可以借用的电钻距离最近的街区在5公里以外（《真正的共享经济没死，它只是遇到了困境》，2015）。

为什么电钻共享没有最成功？归根结底还是成本与匹配问题。一个"实用"的产品，人们会以便捷和它本身能起到的作用来衡量物品的价值。借用这个电钻需要10块钱，而你打车来回（取和还）则又需要40多块，并且这还不算这期间耽误的时间成本。这与共享经济的初衷——在距离最近的邻居家以最便捷的方式花最少的钱租到需要的产品相去甚远。如果你最终花50块借到了电钻，我想你宁愿花100块到街边的五金店买一把，或者在京东上下单当日送达（《究竟是什么因素让"共享经济"走向冰火两重天？》，2016）。

而在信息撮合是否高效上，如何利用好现有的闲置资源也成了共享经济应该认真思考的问题。如今共享单车行业最受质疑的地方就在于车，几乎所有的共享单车企业都没有采用把社会上闲置的单车资源整合起来做共享，而都选择了自己生产单车。也就是说它们不约而同地抛弃了C2C模式而走上了B2C重资产的路子。在启明创投看来，共享单车模式解决的是出行最后一公里痛点，使用场景众多；它们以标品形式出现，信息撮合效率高；通过规模化优势和网络效应，强势抢滩市场；采用的 B2C 模式，则可以让用户体验受到保证；最后利用了物联网、智能锁降低了运营成本。

最后，共享经济可以通过平台战略来做大规模，增强竞争优势，为后进者设立门槛。

作为公认的创业风口，共享经济经过数年的发酵依然具有极强的生命力，让人不禁思考：这场共享经济的创投热还将持续多久？接下来还将可能出现哪些共享载体与创新模式？如今，一个成功模式带动了大家疯狂寻找可以共享的一切东西进行共享，比如，共享电动车、共享充电宝、共享篮球、共享雨伞、共享平底锅……结合前文对于共享经济商业模式的几点考量，你认为哪一个更能成功？

参考文献

[1] Botsman, R. 'Sharing's not just for start-ups'. Harvard Business Review, 2014, 92（9）, 23~25. Retrieved 2017-02-11.

[2] i黑马. 究竟是什么因素让"共享经济"走向冰火两重天？ Retrieved from http://tech.163.com/16/0607/08/BOUO6ML500097U7V.html, 2016-06-07.

[3] ofo.so. 每一次改变，只为更好的服务. Retrieved from http://www.ofo.so/event/news-5.html, 2016-10-15.

[4] TalkingData. 共享出行持续繁荣，刚需or泡沫？ Retrieved from http://www.csdn.net/article/a/2017-04-01/15926926, 2017-04-01.

[5] TechWeb.com.cn. 共享单车竞争白热化摩拜单车上线"红包车". Retrieved 05 10, 2017, from http://money.163.com/17/0323/12/CG79MBFP002580T4.html, 2017-03-23.

[6] WSJ科技. 中国初创公司角逐自行车共享服务市场. Retrieved from http://mp.weixin.qq.com/s？_biz=MzA3NDAwODI2OA==&mid=2666072727&idx=1&sn=b8ca110dc0d080badded9cf9c8cf5d38&c

hksm=841bf934b36c7022cf213d14d4277299c5bfb6c56a5159650bb45466852196be57debb1addfd#wechat_redirect, 2016-10-26.

［7］艾瑞咨询. 2017年中国共享单车行业研究报告. Retrieved from http：//www.iresearch.com.cn/report/2961.html, 2017-03-22.

［8］陈威如, 余. 平台战略：正在席卷全球的商业模式革命. 中信出版社, 2013.

［9］陈薪琪, 叶. ofo和摩拜今天又互怼! 这里是双方营销厮杀全纪录. Retrieved from http：//xudanei.baijia.baidu.com/article/836819, 2017-04-28.

［10］富强资本. 小鸣单车计划书, 2017.

［11］共享单车现在最大的瓶颈就是颜色不够用了, 集齐7种召唤神龙. Retrieved from https：//baijiahao.baidu.com/po/feed/share？wfr=spider&for=pc&context=%7B%22sourceFrom%22%3A%22bjh%22%2C%22nid%22%3A%22news_3564777498826207784%22%7D, 2017-04-20.

［12］衡洁. 共享单车这道菜, 怎样符合一个城市的胃口？ Retrieved from http：//www.fx361.com/page/2016/1215/395810.shtml, 2016-12-15.

［13］红商网. 共享单车："共享"名义下的资本赌局. Retrieved from http：//www.redsh.com/a/20170508/174013.shtml, 2017-05-08.

［14］乐骑APP. 这是一个人均拥有自行车最多的国家. Retrieved 10 24, 2016, from http：//mt.sohu.com/20160720/n460179181.shtml, 2016-07-20.

［15］吕春荣. 摩拜单车晒周岁成绩单单车投放已超360万辆. Retrieved 05 10, 2017, from http：//news.21cn.com/caiji/roll1/

a/2017/0422/19/32194811.shtml,2017-04-22.

[16]摩拜大数据.高度机密!摩拜单车的数据都在这里了……Retrieved 5 10, 2017, from http://mp.weixin.qq.com/s/yAP9ez-TiCk9ZuZFgJgDFkg,2017-04-20.

[17]摩拜单车.三次升级后,我骑着比风还轻快.Retrieved from http://mobike.com/2016/11/16/%e4%b8%89%e6%ac%a1%e5%8d%87%e7%ba%a7%e5%90%8e%ef%bc%8c%e6%88%91%e9%aa%91%e7%9d%80%e6%af%94%e9%a3%8e%e8%bf%98%e8%bd%bb%e5%bf%ab/,2016-11-16.

[18]摩拜单车.新车"风轻扬"是真的轻,胡玮炜并没有一身腱子肉!Retrieved from http://mp.weixin.qq.com/s/D7z87fLKYIHomup3vFP3sw,2017-04-25.

[19]搜狐科技.摩拜推出轻骑版"mobike lite":又轻又便宜.Retrieved from http://mt.sohu.com/d20161020/116676036_425921.shtml,2016-10-20.

[20]速途研究院.2016年中国共享单车市场报告.Retrieved from http://www.techxue.com/techxue-28846-1.html,2017-01-04.

[21]速途研究院.2017年第一季度国内共享单车市场调研报告.Retrieved from http://www.sootoo.com/content/670814.shtml,2017-04-27.

[22]腾讯科技.永安行IPO过会:现在不上市,就再也没机会了.Retrieved from http://tech.qq.com/a/20170411/010857.htm,2017-04-11.

[23]王蒙.摩拜单车又有新玩法:"红包车"有效骑行超过10分钟

可获得奖励！Retrieved 05 10, 2017, from http://www.gunmi.cn/v/i40d64, 2017-03-23.

［24］王锐，钱.OFO：校园里走出来的共享单车, 2017.

［25］向小田.单车共享创业公司年利润16亿？厉害了我的哥.Retrieved from http://mp.weixin.qq.com/s/Zv-9GVsgV3MmZtzz-w79qIA, 2016-10-14.

［26］新浪科技.永安行要上市，已递交新版IPO申报稿.Retrieved from http://tech.sina.com.cn/roll/2017-03-25/doc-ifycsukm3636403.shtml, 2017-03-25.

［27］寻空.真正的共享经济没死，它只是遇到了困境.Retrieved from https://www.huxiu.com/article/134345/1.html, 2015-12-16.

［28］中国人民银行办公厅.银办发〔2017〕10号《中国人民银行办公厅关于实施支付机构客户备付金集中存管有关事项的通知》.Retrieved from http://www.pbc.gov.cn/, 2017-01-16.

中国离男人绅士、女子优雅还有多远?

共享思维的核心是共享、分享商品或服务,消费者没有所有权,只有使用权,按次消费即可,非常简单。可这也会令商品呈现出一种特殊状态,部分人看不清楚商品的所有权属性,误以为是"无主之物",因此产生私自占有心理,从而上演"公地悲剧"。

一 | 共享单车成为公民素质的"照妖镜"

共享单车迅猛崛起

忽如一夜春风来,共享单车满城跑。在众多创业公司倒闭、创投处于寒冬之际,共享单车却异军突起,成为风投争相追逐的目标,点燃了互联网创业领域的新热潮。

2016年经媒体报道后,共享单车开始逐渐被越来越多的人知晓和接受,而其发展速度之快,却丝毫不亚于以往的互联网细分行业。如今,全国已经有数十个城市被共享单车进驻,市场参与者也越来越多,除了较早入局的摩拜单车、ofo外,整个2016年至少有25个新的共享单车品牌汹涌入局,其中甚至还包括电动自行车共享品牌。

据第三方数据研究机构比达咨询发布的《2016中国共享单车市场研究报告》指出,2015年至2016年,共享单车市场整体用户数量实现了从245万到1886万巨大增幅，预计2017年共享单车市场用户规模将继续保持大幅增长，年底将达5000万用户规模。根据交通运输部通报，据不完全统计，目前全国共有互联网租赁自行车运营企业30多家，累计投放车辆超过1000万辆，注册用户超1亿人次，累计服务超过10亿人次。

目前行业两大龙头保持领先优势，城市布局和投放量均遥遥领先。

ofo已在中国、美国、英国、新加坡4个国家的81个城市进行运营，投放量是250万辆，并提出2017年年底达到2000万辆，日订单突破千万。（截至2017年3月底）

摩拜单车目前日均订单量已超2000万单，累计投放超过450万辆智能共享单车，单日产能超过10万辆，占全球自行车产能的45%，目前已进入海内外50多座城市，2017年计划将业务拓展至全球150—200座城市。（截至2017年4月23日）

而如此庞大的单车投放量，以及快速增长的用户规模，不仅刺激着单车使用量的增长，也在实际操作中引发诸多问题，进而引起舆论和公众的思考与热议。

公民素质对共享单车的影响

1）共享单车屡遭人为破坏

在诸多问题里，最引人瞩目的就是共享单车频遭偷盗、破坏、乱停放等，用户经常身处"有车不能骑"的尴尬境地。而在共享单车遭受的众多"磨难"之中，最为严重的就是车轮损坏，小到车胎没气，大到轮毂变形,更有甚者,车轮被直接卸去,内胎被"开膛破腹",车身如废铁一般躺在路边,损坏的主要原因则是人为破坏。

让我们先来看一组新闻吧。

2016年10月12日22时30分许,浦东公安分局康桥派出所民警在巡逻时发现一小伙抱着路边一摩拜单车轮胎不放,仔细一看发现他正在用美工刀切割轮胎!民警当场制止后询问其为何要这么做,接下来的答案让所有人大吃一惊:他花了半小时完成切割,居然只是想验证一下网上所说的"实心轮胎"!

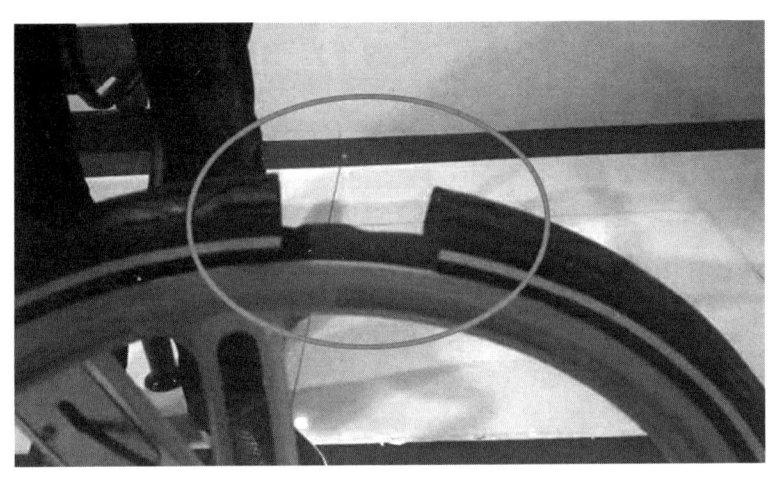

图1 被人为切割开的摩拜单车轮胎

图片来源:新闻报道

2016年12月16日,北京市民警蹲点发现,一中年女子在清河"强佑新城"小区附近给共享单车加私锁,民警将女子抓获后,其承认多次加装私锁的事实。警方依据相关规定,对女子处以拘留14天的行政处罚。

2017年2月19日,收入过万的关某,却因一时贪念将路边的ofo

小黄车占为己有,不仅重新喷漆还装上了儿童座椅。一车行老板和顾客发现后报警。执法人员发现,本来是黄色的 ofo 单车在关某手中已经难觅"品牌踪迹",前后车牌、密码锁等都被恶意拆卸。关某被治安拘留14天。

2017年2月26日,10余辆共享单车在成都三圣乡一家农家乐旁小沟里,被人蓄意点火烧了!记者看到,这些单车残骸被凌乱地扔在靠树丛的一条沟里,周围没有用火源,明显是有人蓄意为之。

图 2 被人为丢弃、烧毁的共享单车

图片来源:新闻报道

诸如此类的新闻不胜枚举,令人触目惊心。而且,共享单车入驻的每一座城市,都发生过类似偷盗、破坏单车的案例,并频频遭到媒体曝光。可见人为损毁共享单车的行为,具有一定的社会共性,而破坏者的社会身份多样化,大学生、家庭主妇、白领、退休老人、小学生等,又缺乏一致性特征。

2）公民素质较低是影响共享单车发展的一个因素

看到共享单车遭遇如此残酷下场，令人不由得为之惊诧，共享单车给市民带来便利，为何却有人对其下"毒手"？在众多分析、反思之中，有一个观点受到很多人认同，那就是认为公民素质整体太低，缺乏规则意识，共享单车已成为公民素质的"照妖镜"，暴露出国民人性的弱点和丑陋。

很多人因此感到非常悲观，觉得共享单车模式太过超前，脱离我国公民素质水平线，并为共享单车的前景担忧，认为共享单车支撑不了多久，就会倒在公民素质之下。

事实上，已经出现了现实例子，卡拉单车在福建莆田市两次投放的667辆单车，正式运营十几天后，就丢了510辆，丢失率达到76%，引发投资人撤资，平台也被迫声明暂停服务，回收单车、退还用户押金。

如果只看到这些毁坏、偷盗共享单车的现象，确实会令人备感忧虑，对公民素质失望至极。不过，从统计数据来看，目前毁坏、偷盗共享单车的行为，毕竟还是少数比例，随着共享单车投放规模基数的迅速扩大，这个比例还会下降。而且，共享单车平台在运营之前，就做过单车破损率的预案，只要破损率不超过一定的限度，平台就能支撑得起，不至于伤及根本。

比如上面提过的卡拉单车，在经新闻报道后，情况随后发生逆转。很多市民看到声明和报道后，主动提供相关信息，使越来越多的单车被找到。在短短数日后，找回的单车已经超过总数的70%，找回数量每天都在增加，并且已找回的单车，破损率仅为5%左右。

据事后分析，主要原因是创始团队运营能力不足，卡拉单车的押金退款延误、客服缺位和投放量少等，导致丢失率居高不下；其次是市民对共享单车不了解，不清楚在使用结束后应该正确地停放在哪里，往往随意停在一个地方，偏离规定地点致使定位不准，亦导致单车统计存在一定的误差。

公民素质和社会公德问题被刻意放大

公民素质问题确实存在，但没有想象中那么可怕。从卡拉单车的"过山车"遭遇可见一斑，既有故意损毁单车的无良者，也有更多遵守规则、热心提供单车线索的市民。人性的善大过恶，乃是社会得以延续的基石，也是驱动共享单车继续发展的动力。

既然共享单车的破损率并不高，为啥给我们的感觉，到处都是共享单车被破坏、被偷盗、乱停放的事呢？这其实涉及媒体传播问题。众所周知，社会负面新闻的吸引力更大，传播速度更快。共享单车是一个新生事物，各方面还未成熟，社会大众也感觉很新鲜，少数人缺乏公德心，对企业财产不尊重，出现一些问题在所难免。

我国公民素质水平整体较低，社会信用体系不完善，触及社会道德底线的事频频曝光，因此在发生损毁共享单车的事后，很容易令人将其与公民素质挂钩，认为公民素质太低、社会道德败坏云云。平心而论，损毁共享单车的行为，确实跟公民素质和社会公德有一定关系，但问题被刻意放大了，毕竟这些行为是少数人干的，并非所有人都在破坏共享单车。何况，还有那么多主动帮助平台查证、提供线索的市民，显然不能一概而论。

公民素质参差不齐，也是社会常态，毕竟我国还处于发展中国家，社会文明指数尚未达到高度发达的境地。将损毁共享单车归咎于公民素质问题，乃是一种简单化思维，容易挑起舆论争议，吸引到公众的关注，对于信息传播非常有利。但此种思维方式过于简单粗暴，缺乏深层次逻辑推理，容易陷入口舌之争，不利于真正解决问题。因此，要避免浮光掠影看问题，摆脱低水平的公民素质争论，透过事件表面，挖掘潜伏在下面的东西。

在共享单车出现后，因其共享经济模式的新颖，将单车投放在街头上，由用户自己操作使用，需要用户具备自律精神，尊重企业财产权。这样就存在道德风险，部分人绞尽脑汁钻空子、占便宜，缺乏公益心而不爱惜共享单车，或因利益受损而破坏单车泄愤。这种道德卑下的行为，在社会上一直都存在着、发生着，只是共享单车发展迅猛，受到媒体的高度关注，这些行为也就随之集中曝光，成为公众眼里的素质问题和道德问题了。

共享单车与公民素质和社会公德存在互相推动关系

共享单车的出现，对公民素质和社会公德的提高，具有一定的推动作用，反过来，亦是如此。

共享单车暴露出的各种问题，激发了舆论对公民素质的辩论，也引起了社会大众的注意，很多人在思考公民素质过低的因素和后果。不可否认，这里面确实存在素质低下、道德不彰的问题，而且大面积集中曝光、各地情况雷同，舆论导向又直指公民素质和社会公德，骤然将二者架在火炉上猛烈拷问。

当大家都将注意力集中在公民素质和社会公德上时，就会形成一种集体检讨和反思的氛围，进而倒逼各方重视共享单车诱发的问题，想出解决办法，遏制人为损毁共享单车的行为，助推提高公民素质和社会公德。

可见，共享单车频繁遭遇人为损毁、乱停放、偷盗等事件，提高了共享单车的曝光度，报纸、网络、电视台等媒体，均在大量刊载相关报道、评论，使得共享单车在短短数月时间，就被全国广大民众所熟知，促进了共享单车的快速发展。同时，也逼迫共享单车平台采取措施，修改单车设计方案，提高硬件的抗破坏力，完善奖惩规则，鼓励用户举报违规行为，以信用处罚来约束用户规范骑行，从而加强防范破坏行为。

另一方面，引发各方对公民素质的集体讨论和反思，大家都在谴责故意破坏共享单车的人，要求依法予以处罚，督促政府出台管理方法，呼吁市民自觉维护共享单车。对监管部门形成社会舆论压力，迫使其重视共享单车暴露出的各种问题，积极调研探索合理的管理模式，部分地方抓紧出台管理办法，以规范平台管理、约束市民行为。

共享经济为消费者提供了一种新的消费模式。相比当下的社会经济环境，共享经济模式是超前的，它打破了传统财产观念，用户无须长期拥有一件商品，不用花钱购买商品的所有权，只需按照个人实际需求，按次付费即可，从而节省金钱、免去维护费用。共享单车就是如此，市民不再像以前那样购买自行车出行，需要骑行的时候，随时上街找一辆扫码打开就能骑走，省钱又省心。

如果任由人为损毁共享单车的话，当损毁率超过临界点，就会给平台造成严重亏损，进而危及平台正常运营，甚至陷入关门倒闭的困境。而出现这样的结果，会影响到所有用户，显然是广大市民不愿意看到的。

因此，即便是出于自身利益考虑，市民也应维护共享单车的市场环境，积极举报违法破坏共享单车线索，阻止少数人的不道德行为。通过全民监督、制度性约束，共同营造一个优良的市场环境，形成正反馈效应，不仅可以促进共享单车的市场发展，也能助推社会道德、公民素质的提升。

共享单车需要用户具备规则意识

1）共享单车的停放规则

共享单车的游戏规则很简单，平台在大街上免费投放单车，用户注册后廉价付费使用，使用完后停放在白线内，或者政府规定的单车停放区域。这套规则虽然很简单，一看就懂，一用就会，却因无人工干涉，由用户自行操作，需要用户具备规则意识，拥有良好的自律精神，而只有大家共同遵守规则，才能确保共享单车进入良性循环，实现可持续性经营。

而目前各地共享单车出现最多的问题，就是用户乱停放，没有按照要求将单车停放在白线内，或者政府规定区域，导致妨碍公共交通秩序，诱发城管部门收车，其他用户难以用车。凸显部分用户规则意识的缺位，只图自己方便，却忽视了社会大众利益，同时也暴露出城市规划存在的弊病，没有给自行车留下充足的空间。

2）共享单车乱停放的两种情况

共享单车乱停放带来的麻烦很多，但要根据具体情况区别看待。一方面是市政规划导致用户被迫乱停放，另一方面则是部分用户缺乏规则意识主动乱停放。

用户被迫乱停放。现在各地都发生了共享单车乱停放、占道、挤占公共自行车桩位等问题，城市管理者为之头疼。其中部分原因是停车位置有限，交通密集区域人流量太大，用户一时难以找到空位，就随便停放在区域外。乱停放数量一多，就会挤占人行道，影响到行人正常走路，引发市民的抱怨和投诉，城管、街道办、环卫等负责路面环境的工作人员，往往就会集中拉走、锁住乱停放单车等。

从具体情况来看，在商业中心、地铁入口、公交站等地方，共享单车乱停放的问题最为严重，这也跟用户短途出行的情况相符，乃是将共享单车作为接驳其他交通工具使用。

目前在各地城市公共交通设施规划里，过多地考虑保障机动车出行需求，道路设计以汽车为主，给非机动车留下的道路空间狭窄，停车位亦很少，大都是在人行道路边划一块区域，用于市民停放自行车、电动自行车等。在共享单车出现之前，除了部分商业中心区域、学校、医院等公共场所外，非机动车辆停放空间并不紧张。

但是，共享单车平台为了抢占市场，密集投放大量单车，导致街头共享单车数量剧增，停放位置非常紧张，造成用户乱停放。如此不仅给其他用户造成麻烦，也影响到了城市交通秩序，行人和市政管理都备受困扰。可见，面对市民骑车出行的现实需求，需要城市管理者调整市政交通规划，做好迎接自行车回归城市的准备工作，给共享单车划出合理数量的停车位，打造城市单车道，保障市民骑车顺畅。

部分用户主动乱停放。表面上看是不拘小节，太过随意，实则是规则意识不足、欠缺社会公德心的表现。须知，共享单车具有一定的公益性特征，乃是服务全体社会公众的，需要大家共同遵守相关规定，保障游戏能够顺利玩下去。否则破坏规则的人太多，就会给共享单车带来损失，一旦突破损失临界点，令平台经济损失过大，造成平台无法持续运营，最终大家也就都没得用了。

从媒体曝光的情况看，部分用户无视平台规定，也没有考虑其他用户的需求，以及社会公共利益，而是随心所欲，认为自己付费使用就是上帝，可以随便停放单车。如此造成部分单车没有被停放在规定位置，即使车位有空余，也不好好停放，只是图自己方便，丝毫不顾及他人。

媒体报道了一个典型例子，简直令人匪夷所思。"摩拜单车来到济南之后，就深受广大市民的热爱，但是在南部山区金象山滑雪场大门前，竟然停着两辆单车……就算是从泉城广场到金象山，开车也得有30多公里呢！据了解，这两辆单车是前一天，两个来滑雪的年轻人骑过来的，骑了两个多小时才到这里。两个骑车的年轻人滑雪离开后，却把摩拜单车留在滑雪场了。"

这真是让人想不通，费这么大劲从市区骑到郊外，本身就超出服务区域了，还不给人骑回来，如此不尊重企业财产、不遵守平台规定，其个人素质、道德品质可想而知。幸好这只是极个别现象，如果大家都这样，摩拜单车、ofo单车等融再多的资金，投放再多的单车，也禁不起如此折腾啊！而且，如果人人都这样做的话，用不了多久，大家就没车可用了。

可见，广大用户要有"赠人玫瑰、手留余香"的社会公德心，培养规则意识，主动保护好单车，将其完整传给下一位用户。事实上，相比部分用户的自私自利行为，遵守游戏规则乃是最大的利己，大家都能约束自身行为的话，就会形成正反馈的良性循环效应。每一位用户都爱惜共享单车，大家就都能使用到性能完好的单车，否则单车很快被破坏掉，就会埋下安全隐患，损人不利己。

二 | "不拥有",可以;"不负责",不行!

共享单车是一个新生事物,自诞生起就吸引到各方关注,在运行中暴露出的各种问题,亦备受公众瞩目,其中牵涉到的法律问题,更是成为舆论焦点,需要围绕共享单车的产权特征、经营模式、用户行为等,探索相关法律问题。

共享单车需明确法律地位

1)共享单车具有社会发展基础

共享单车从零发展到超过数百万辆,尚不足两年的时间,对于社会公众和政府而言,还没弄明白共享单车是咋回事,就在各地城市里铺开了,街头巷尾到处可以见到骑行者。

事实上,我国是一个自行车大国,20世纪七八十年代,自行车在我国居民交通工具中占据了70%的比例。随着我国经济的快速发展,自行车逐渐被机动车替代,到了2015年,自行车占有的比例仅有13%左右,

30年间下降了几乎60%，自行车被冷落了，但绝对数量还是很大。

调查显示，世界主要国家中，德国家庭自行车保有率最高，每百家庭拥有80辆；中国以每百家庭保有65辆位居第三，截至2013年年底保有量约为3.7亿辆。但目前各地城市的交通规划，主要是围绕汽车制定的，留给自行车的道路空间很狭小，很多城市甚至没有自行车道，以致市民骑行存在诸多阻碍，很多人都忘记了自行车的存在。

共享单车是对城市公共交通系统的补充，以企业的自发行为，做了政府该做的事情，具有一定的公益性特征。现在很多城市有政府办的公共自行车系统，但存在运营费用大、网点布局不合理、车辆少、办卡难、还车难等问题，时常遭到市民的"吐槽"。

而共享单车解决了这些问题，为政府省下了巨额开支，为市民解决了"最后一公里"出行问题。

2）官方认可共享单车的社会价值

2017年全国"两会"期间，全国政协委员、中南影业CEO刘春骑着共享单车去报到；交通部部长李小鹏更是盛赞，共享单车能实现互联网企业、制造企业、骑行人"三方多赢"，需求强烈、前景光明，对这一新生事物充满信心。

2017年3月23日交通运输部新闻发言人吴春耕在例行发布会上说，共享单车是城市交通的一个组成部分，在解决"最后一公里"的问题上发挥了积极作用，但由于共享单车是新的事物，也出现了一些问题。吴春耕说，交通运输部鼓励支持这种互联网+交通出行的创新方式，但政府部门要加强规范和指导，企业要承担管理责任，公众也要文明出行，从而共同促进共享单车的发展。

2017年5月22日，交通部发布《关于鼓励和规范互联网租赁自行车发展的指导意见（征求意见稿）》（以下简称《指导意见》）。交通运输部将"共享单车"定义为"互联网租赁自行车"，明确共享单车对解决公众短途出行、缓解城市交通拥堵、构建绿色出行体系等方面发挥积极作用，推动了共享经济发展，鼓励和规范共享单车发展。

共享单车的所有权与使用权

共享单车虽然名义上是"共享"，但其实是公司化运营，由平台投入资金生产、购买所得，因此财产所有权非常明确，单车完全归属企业所有。共享单车采取的是分时租赁模式，用户付费骑行，只有使用权，不得以任何理由占有、破坏共享单车，否则就是侵犯企业的财产权，需要受到法律的处罚。

共享单车停在街头上，无人看管，用户自行操作使用，依托用户的自觉意识。如果财产所有权不明确，法律责任不清晰，就会因无人担责而导致"公地悲剧"，容易被人非法占有、破坏，摧毁共享单车运行的基础。

显然，明确共享单车的权益归属非常重要，通过权属划分，可以区别企业与用户的权益问题，这也是共享单车得以顺利运营的关键保障。

由于平台拥有共享单车的所有权，就有制定运行规则的权利，并需要承担相应的法律责任，保障用户的合法权益。平台与用户乃是商业契约关系，平台负责提供质量可靠的共享单车，用户则应遵守规则付费骑行，不得随意破坏单车，否则就应赔偿相关损失。如果用户因骑行共享单车，造成人身意外伤害，平台也要承担赔偿责任。

偷盗、破坏共享单车要承担法律责任

1）偷盗、破坏共享单车违反相关法律规定

在共享单车进驻的城市，都发生了偷盗、破坏、损毁、私锁、丢弃、涂改二维码等非法行为，虽然所占比例不大，但产生的社会恶劣影响却不小，引发舆论和民众集体批责，要求对此类行为加以处罚。可以明确的是，这些违法行为侵害了共享单车平台的利益，需要承担相关法律责任，不妨看下具体法规吧。

如果是偷盗行为，按照《中华人民共和国治安管理处罚法》第四十九条规定："盗窃、诈骗、哄抢、抢夺、敲诈勒索或者故意损毁公私财物的，处五日以上十日以下拘留，可以并处五百元以下罚款；情节较重的，处十日以上十五日以下拘留，可以并处一千元以下罚款。"

破坏、损毁、丢弃等行为，按照《中华人民共和国刑法》第二百七十五条规定："故意毁坏公私财物，数额较大或者有其他严重情节的，判处 3 年以下有期徒刑、拘役或者罚金。故意毁坏公私财物，数额巨大或者有其他特别严重情节的，判处 3 年以上 7 年以下有期徒刑。"

而且，故意毁坏他人财物构成犯罪的，还要承担民事赔偿责任。根据《中华人民共和国刑法》第三十六条第一款的规定，由于犯罪行为而使被害人遭受经济损失的，对犯罪分子除了依法给予刑事处罚外，并应当根据情况，判处赔偿经济损失。

图 3　ofo 单车车牌被涂抹

2）私占共享单车亦属违法

消费者通过 APP 审核完成注册，就意味着消费者和共享单车公司之间达成协议，成立车辆的租赁使用合同关系。根据《合同法》的规定，如果消费者将共享单车上的二维码、数字编码损毁，或私自加锁，将共享单车从"大家共享"变为"私人专享"，则属于"擅自变更合同"的违约行为。

按照规定，共享单车公司在发现用户存在"不文明"用车行为时，一旦查证属实，可依据双方之间成立的车辆租赁使用协议，采取冻结使用人 APP 帐号、扣减押金等方式保障公司权益，也可以到法院起诉，要求赔偿车辆损失和租赁费损失等。

为达到"私人免费"使用共享单车，个别用户采取暴力手段拆除共享单车上的电子锁具、二维码和条形码，并加装私人"锁具"。这种行为改变了车辆"归属"，将车辆所有权从共享单车公司占有，转变为私人占有。擅自破坏共享单车锁具、定位装置供私人使用的行为亦涉嫌盗窃。

3）对人为破坏共享单车要依法处罚

现实中已经有部分偷盗、破坏共享单车者，在被警方查获后，根据情节轻重，分别受到罚款、拘留、缓刑、拘役等法律处罚。

比如 2017 年 2 月 28 日，成都首例盗窃破坏共享单车案在该市龙泉驿区人民法院开庭审理，并当庭判决，犯罪嫌疑人吕某因犯盗窃罪被判处拘役 3 个月，处罚金 1000 元。

2017 年 2 月 15 日，济南男子郭某酒后在外出遛狗过程中，发现东泺河西岸停放着四辆摩拜单车，为泄私愤，将四辆摩拜单车投入河中，后郭某被警方以"寻衅滋事"为由给予行政拘留 10 日。

可见，广大市民要尊重平台的财产所有权，遵守法律法规，遵循共享单车平台的运行规则，切不要以身试法，肆意偷盗、破坏共享单车，因而遭到法律惩罚，就太不划算了。

乱停放共享单车的法律责任问题

1）共享单车应依法合理停放

在每一座共享单车进入的城市里，最让人头疼的就是乱停放，不仅影响到交通秩序、市容环境，屡屡遭到管理部门的清理、收缴，给平台和用户都带来麻烦，亦衍生出法律责任问题。

随着共享单车投放数量的增加，部分城市出现明显的潮汐现象，大量单车在个别地点堆积。比如早晚高峰期，大量单车汇聚在地铁、公交站等交通节点处，而其他地区车辆较少。有些区域需求量大，而有的区域则类似"城市黑洞"，有人骑车过去，却很少有人骑过来，导致车辆被动滞留。比如，北京某公交车站被上千辆共享单车"围困"，长达百米的公交站区域被多个"单车群"占据，部分共享单车还将公交车的进出口堵住，影响到公交车的行车安全。

从平台利益角度看，其采取的是无桩停放，要求用户停放在指定点，比如白线内、非机动车停车位、市政规划位置等。乱停放违反了相关法规，会诱发管理部门清缴、扣押等，影响到平台的正常运营，并可能导致被处罚、质询、约谈等后果。显然，平台没有动力乱停放，却要因用户乱停放行为，而承担一定的法律风险，似乎也有些不公平。

《中华人民共和国道路交通安全法》第五十九条规定："非机动车应当在规定地点停放。未设停放地点的，非机动车停放不得妨碍其他车辆和行人通行。"第八十九条规定："行人、乘车人、非机动车驾驶人违反道路交通安全法律、法规关于道路通行规定的，处警告或者五元以上五十元以下罚款；非机动车驾驶人拒绝接受罚款处罚的，可以扣留其非机动车。"

可在现实中，由于用户并非共享单车的车主，在其拒绝接受罚款时，往往选择弃车而去，交警所扣单车，实际上却是平台的财产，等于平台在替用户的违规行为"背锅"，明显不公平。因此，平台可以根据用户骑行轨迹记录，对照交警部门出示的罚单记录，锁定违规用户身份，督促其缴纳罚款，或者从其押金里代扣缴纳，以确保法律的严肃性和公平性。

2）地方政府出台规定约束共享单车停放行为

目前乱停放共享单车的情况，主要是少部分用户所为。一方面城市交通规划不足、自行车停车位置紧张，用户无法找到停车位，只能被动停放在其他地方。据公开数据统计显示，2017年共享单车预计投放总量将极可能接近2000万辆。如此庞大的投放量和增速，对每个城市来讲，都是巨大的管理压力，需要尽快修订城市规划，解决自行车道路少、停车点不足的问题，以免用户无处停车而诱发乱停放。

另一方面，部分用户缺乏规则意识，没有考虑公共利益，只图自己方便，随意乱停放，造成街道阻塞。此种乱停放的主要责任，乃是部分用户没有遵守停放规则，其行为涉嫌违反相关法规，理应依法予以处罚。但由于证据锁定和定性较为困难，执法成本较高，目前对用户乱停放主要采取教育、劝阻等方式，数量实在太多则会集中清理。

根据《指导意见》要求，城市政府要加快自行车交通网络建设，推进自行车停车点位设置和建设。既要满足市民骑行共享单车的需求，又要解决违规乱停放现象，各地纷纷发布地方规定。厦门出台了《自行车停放区设置指引（试行）》引导自行车有序停放，深圳南山区城管局也约谈四大共享单车运营商提出整改要求。

上海作为共享单车投放量已超过50万辆、注册用户数亦处全国首位的城市，于2017年3月23日颁布了《共享自行车产品标准》和《共享自行车服务标准》征求意见稿。规定共享单车"应装有机械、电子通信和互联网功能的防盗锁"，"应配备车载卫星定位装置"，并在软件的电子地图中显示具体位置，方便用户查找和防盗追踪。运营商要"根据高峰客流区域的停放数量，制订完善的早晚高峰时段调运计划"。

成都市出台的《成都市关于鼓励共享单车发展的试行意见》规定，共享单车运营企业应当针对使用者制定安全骑行规范停放守则、文明用车奖惩制度及建立个人信用评价体系，并通过技术创新等手段加大对使用者的监督管理力度，督促使用者遵守《中华人民共和国道路交通安全法》和《成都市非机动车管理条例》等有关规定，并协助政府相关部门对违法行为的调查处理。

成都市的《试行意见》明确三方责任关系，比如，政府要加强自行车停放点划定和秩序管理，平台对乱停放负有管理责任、需制定奖惩制度等，用户则要文明骑行、规范停放。这就从法律角度将乱停放问题具体责任化，从而防范互相推诿，促进共享单车规范停放，保证街道畅通。

2017年3月20日，针对共享单车乱停放等现象，北京市西城区率先推出共享单车管理举措，将控制全区共享单车数量，特别是在灵境胡同和西安门大街沿线、西黄城根南街、南北长街、府右街、大会堂西侧路、长安街沿线、太仆寺街、兵部洼胡同、石碑胡同共10条大街禁止停放共享单车。同时划定包括共享单车在内非机动车停车区域552处。摩拜、ofo实施对违规停车用户扣除信用分的措施。

北京市西城区所实施的区域监管措施，针对性强，疏堵兼施，明确政府规划和平台管理，并采用信用惩罚机制，以有效约束用户乱停放行为。以摩拜共享单车为例，如果骑行人在禁停区域违规停放，就会被一次扣除20分的信用分，而信用分减少后，下一次租车费用就会上涨，意味着将提高用户骑行成本，从而倒逼用户规范骑行。

为解决行车和乱停乱放问题，交通运输部《指导意见》要求各城市要合理布局自行车交通网络和停车设施，推进自行车道建设，规范停车点位设置，对不适宜停放的区域和路段可制定负面清单实行禁停管理，对城市重点场所应当施划配套的自行车停车点位。运营企业要落实车辆停放管理的责任，推广运用电子围栏等技术，综合采取经济惩罚、记入信用记录等措施，有效规范用户停车行为。

共享单车事故的法律责任划分

在共享单车突飞猛进发展之际，随着用户数量和出行次数的快速增长，一个不能绕过的问题，也就开始浮出水面了，这就是共享单车意外事故的法律责任。首先需要明确的是，共享单车事故赔偿要依法解决，通过法律公平裁决，以厘清平台、用户、保险公司等各方的法律责任。

目前，共享单车已成为广大市民短途出行的优选，每天高频次的骑行量，伴随着不可控的风险，必然会发生一些意外事故，给用户造成人身伤害。这是大数据下的风险概率问题，虽然意外事故的发生率并不高，但涉及用户的身体损伤，牵扯到经济赔偿问题，以及相关法律责任关系，也就变得相对复杂了。

平台拥有共享单车的财产所有权，用户只有付费使用权。依照法律，双方之间属于商业契约关系，平台要为用户提供质量可靠、安全放心的单车，用户要遵守规则规范使用。那么万一发生意外事故，就要根据具体情况加以区分，厘清双方的法律责任，才可解决赔偿问题。

如果事故发生后，经过专业检验，乃是单车质量存在问题，平台就要承担起赔偿责任，保险公司无须赔付。如果单车质量没问题，用户又未违规使用，乃是单纯意外事故，那么平台要担责，但可以转嫁给保险公司。

事实上，现在平台大都买了意外险，这也是商业经营常见的做法，将意外风险交由保险公司化解。比如，ofo 单车为每个用户投保人身意外险，用户在骑车过程中遇到意外事故可申请赔偿。摩拜已和中安保险公司合作为单车产品投保，车辆存在安全隐患可以索赔 1000 元到 1 万元的赔偿保障金；如遇到意外事故，也可对用户进行相关赔偿。

如果经过排查发现，是用户违规骑行引起事故，或者为了拿到赔偿金，故意制造意外事故，则就是用户自身的责任了，平台不需要承担赔偿责任。

还有部分事故原因较为复杂，要依据具体情节分析判定法律责任。比如，单车是上一位用户损坏的话，如果查出来是故意损坏，其将涉嫌犯罪，并由其负责赔偿。而如果是无意损坏，或者是正常的损耗，平台则负有一定的维护责任，理应先行垫付，再由保险公司理赔。

当然了，以上列举的只是一部分，毕竟现实中会出现各种意外状况，牵涉到的责任方也多，就要由司法机构仔细调查、慎重裁决了。而且，共享单车是一个新生事物，商业模式尚未成熟，行业标准缺位，相关法律滞后，需要在实践中总结经验，探索法律责任关系。

目前，各地已经发生了共享单车用户骑行事故，给部分用户造成伤害，而且也有当事人因此起诉平台，索赔相关费用。

2017 年 1 月，31 岁的冯先生出地铁站后租用 ofo 共享单车，在下坡骑行时失控摔伤。冯先生称自己牙齿有 6 颗受损，唇部和面部严重受伤，鼻梁骨折。冯先生认为造成事故的原因是车辆刹车失灵，运营商未尽维护检修义务导致产品质量缺陷和安全隐患。冯先生将运营方起诉至北京市朝阳区法院，索赔医疗费等 2 万元。朝阳法院已正式受理此案,案件正在进一步审理中,这是北京市第一起共享单车遭索赔的案件。

首例"共享单车索赔案"的社会影响较大,却也在意料之中。共享单车事故还会经常出现,相关赔偿纠纷也会增加,通过对一起起现实案例的讨论和裁决,可以逐步厘清各方法律责任关系,明确赔偿标准,进而为制定相关法规打下现实基础。

12周岁以下孩子骑共享单车的法律责任

共享单车正成为越来越多人的出行选择,马路上时常能看到骑共享单车的小学生,他们都是未满12周岁的孩子。而我国《道路交通安全法实施条例》中明确规定,在道路上驾驶自行车、三轮车必须年满12周岁。那么,如果小学生骑共享单车途中遭遇事故,责任又该由谁来承担?

目前绝大多数共享单车企业都在其"使用指南"或"责任条款"中声明了使用规则,其中都提道,消费者的一切权利要以"规范使用"为前提。摩拜单车与ofo单车均明确:"用户应为符合骑自行车上路的年龄(12周岁以上)及身体条件的健康人士。"ofo单车的使用规则中还写明:"若您不具备前述与您行为相适应的民事行为能力,则您及您的监护人应依照法律规定承担因此而导致的一切后果。"

而从小学生骑共享单车的现象来看,有家长为满足孩子骑自行车的愿望,把共享单车交给孩子骑,自己步行跟随;还有家长另外骑一辆车,与孩子一起骑车。也有部分拥有智能手机的高年级学生,自己就可以扫码骑车,身旁并没有家长跟随。

以上行为都已违犯《条例》，理应禁止并处罚。目前各地大都没有处罚标准，对此种违规行为，只能采取劝阻、教育等方式，效果并不大。而且，家长和孩子也不以为然，并未意识到此举属于违规，甚至有的家长为了锻炼孩子骑行能力，主动鼓励和支持孩子在街上骑行自行车，却忽视了意外风险。

小学生处于身体发育阶段，身材相对矮小，而共享单车的车座是固定式的，座位较高，小学生不容易踩到车蹬，身体往往处于悬空状态，难以控制车身平衡，给骑行埋下安全隐患。而且，小学生的身体自控力差，交通安全意识较为薄弱，应急判断能力有限，在遇到突发情况时，容易诱发安全事故。

统计数据显示，2016年上海涉及不满12周岁未成年人的非机动车交通事故共发生245起，造成85人伤、1人死亡。

另据媒体报道，2017年1月，深圳三名12岁左右的孩子因为在骑共享单车时发生了摔伤，导致手臂严重骨折。

可见，不满12周岁的小学生骑共享单车的安全风险很大，为保障孩子们的生命安全，家长要负起监管责任，及时制止孩子骑共享单车，不可主动替孩子租借共享单车，要向孩子告知相关法规和安全风险。同时，家长要负起家庭教育责任，以身作则带头遵守法规。市民也可履行公民责任，发现小学生骑行共享单车时，可以采取主动劝阻、提醒平台或警方注意等方式。

上海、深圳交警先后发布提醒，重申未满12岁的未成年人严禁骑自行车上路。在具体执法过程中，一般情况下还是以教育、引导、规范为主。交警将加强路面执法检查力度，更加注意行人和非机动车的违法行为，对学生违规行为进行引导，如果发现以后将进行登记，并给学校反馈，学校再反馈给家长。对于情节严重者，则要依法处罚，造成严重后果的，监护人需要承担责任。

对于共享单车平台来讲，在孩子骑行出现问题时，如果没有文字警示，则要承担民事赔偿责任。因此，平台需要在单车上醒目张贴相关警示标语，注明"12岁以下未成年人禁止使用"，不在中小学、少年宫等未成年人出入集中的场所投放共享单车，组织运维人员加大巡查力度，及时劝阻教育未成年人违规骑行。

共享单车用户信息数据安全保护

1）共享单车产生海量数据

共享单车发展以来，累计投放车辆超过1000万辆，注册用户超1亿人次，累计服务超过10亿人次，发展速度非常迅猛。这些数据还在不断快速增长，研究机构预测的各种量化目标，也往往会低估，被实际数据频频突破。

仅以摩拜单车为例，其于2016年4月22日在上海问世，目前日均订单量已超2000万单，累计投放超过450万辆智能共享单车，单日产能超过10万辆，占全球自行车产能的45%，目前已进入海内外50多座城市，2017年计划将业务拓展至全球150—200座城市，平台累计已完成超过6亿人次骑行。（截至2017年4月23日）

如此庞大的用户数量和骑行次数，带来海量的超级大数据，所有用户的个人身份信息和每一次骑行轨迹，都被平台记录汇总下来。由于共享单车属于高频次应用工具，大城市用户多，使用次数也更为频繁，在部分区域,每一辆单车每天的骑行次数,平均超过10次。

可想而知,这些数据长年累月记录下来,将是一个超乎想象的量级。如果采用大数据技术深度挖掘、分析,就能够从这些海量数据里,创造出巨大的商业价值和社会价值。

比如用户个人骑行的规范轨迹数据,可以与个人信用挂钩,将违规次数纳入信用评估,进而对个人贷款、保险、找工作等造成影响。

比如利用共享单车内置的卫星定位系统,分析用户的日常生活规律,结合LBS(基于地理位置信息)推送周边服务,帮助商家精准营销等。

比如将海量轨迹数据汇总分析后,与市政交通规划结合,制定更符合市民出行规律的方案,调整道路空间分布比例,为非机动车划分专线道路,为智慧交通提供动态数据。

2)对共享单车数据要依法管理

显然,在信息化时代,数据就是价值,共享单车的海量数据,可以衍生出无数应用场景,为商家、政府、社会贡献出巨大的价值。这一切都是建立在用户个人信息资料和骑行轨迹被平台收集记录的基础上的,那么,这就产生了一个非常非常重要的问题,即信息安全。

如何保障共享单车用户个人信息安全,确保平台妥善保存大数据,合理合法使用大数据,不非法泄露用户信息,不将大数据用于犯罪行为等,需要从法律方面予以明确,并实施严格监管。

目前我国个人信息泄露情况非常严重,并遭到非法倒卖,由此引发电信诈骗、网络诈骗、消费欺诈、盗窃民众财物等犯罪,造成巨大的经济损失,甚至有人因此自杀。从警方破获的案件来看,企业内部管理问题造成的信息数据泄露占比很大。

而共享单车平台拥有海量数据,包括用户个人资料和骑行轨迹,都是商业价值很高的数据,一旦非法泄露出去,会给用户造成难以估量的损失。因此,监管部门要未雨绸缪,要求平台完善数据管理,并将数据库与警方信息监控系统对接,防范平台数据泄露出去。此次交通部发布的《指导意见》亦要求企业"采取的信息不得侵害用户合法权益和社会公共利益,不得超越提供互联网租赁自行车服务所必需的范围;采取的信息和生成的相关数据应当在国内储存和使用。"

共享单车押金的合法性及管理问题

1)共享单车押金模式造成大量资金沉淀

共享单车采取收取用户押金的软性约束模式,如果用户因素将单车弄坏,就从押金里扣除补偿损失,以此对用户形成约束压力。目前,共享单车平台收取押金的标准不一,从99元到299元不等,如果从单车的成本核算看,押金并不能完全覆盖成本,显然只是规范用户行为的惩罚机制。不过,由于一辆共享单车同时有多人注册缴费,叠加起来就超过单车成本了。而且,共享单车的用户数量已经高达数千万人,所收取的押金总量累计起来,也就不是一个小数目了。

共享单车竞争激烈,平台很多,而用户每注册一个新的平台,就要缴纳一份押金,很多用户同时注册多个平台,也就要同时缴纳多份押金。目前,ofo和摩拜的用户量都已突破1000万,对应的押金也高达29.9亿和9.9亿。目前全国共有共享单车平台30多家,注册用户超1亿人次,押金总额超过上百亿元之巨。再加上用户日常充值金额,不会很快就用完，与押金一起就形成了资金沉淀，放在平台的账户上。

2）押金模式的合法性存在争议

那么，押金的收取是否合法？这么庞大的资金，又该如何管理呢？

"押金"一词目前尚不是法律法规及规范性文件中的"法律概念"。现有法律法规暂没有对押金的明确规定，因押金在法律上的性质尚不确定，对押金的金额、限度、使用、存放、监管等目前都没有明确的法律规定。

在部分法律人士看来，共享单车押金模式可能存在一些法律问题。主要包括：押金规则涉嫌格式条款、霸王条款，押金涉嫌非法吸收公众存款，押金利息归属，押金是否挪用于投资、运营费用，押金退还制度合规性等。

目前在市场中，有共享单车平台用押金另作投资的传闻，也有将押金用作平台运营费用的消息，这些均无法得到证实，但是从公众的担忧来看，押金风险确实在不断累积，需要在法律方面予以明确，并加以规范化管理。

押金模式不仅仅存在于共享单车行业，公共自行车、地铁卡、公交卡等也在收取押金，还有其他领域亦在广泛使用，诸如房屋租赁、工程承包合同、住院押金等。从押金的法律性质看，其属于担保抵押，为履行合同或弥补权益损失，可见押金的收取是在信用体系尚不完善的情况下产生的权宜之计。

3）共享单车押金应由第三方存管

共享单车的财产所有权归平台，单车价值数百元至数千元不等，用户在使用过程中，有可能因自身因素，对单车造成损毁，平台从押金中扣除补偿损失，有一定的商业合理性。但目前各家平台的押金标准、退还时间、退还路径不统一，完全是自行规定，较为混乱，亦令用户感到不适。

比如，摩拜单车的押金为 299 元；ofo 单车的押金为 99 元；小鸣单车与 Hellobike 押金一样，均为 199 元。按照平台规定，用户在申请退还押金时，并非即时到账，往往需要 2~7 个工作日才能转结到账，存在一定的时效滞后性。

据第三方机构测算，目前共享单车沉淀押金可能超过 60 亿元（截至 2017 年 3 月）。如此巨额的押金，又没有监管，资金去向不明，因此有舆论质疑其是"非法集资"，一旦出现资金断链、卷钱跑路等情况，将引发押金退还兑付危机，导致用户利益受损。

因此，要理性看待共享单车押金模式，给予其合法地位，明确押金收取标准、退还时间、退还路径等。平台做到及时审核用户退款申请、及时退还用户押金，不得以任何借口滞留用户押金。

同时，要加强押金的使用监管，实行第三方监管模式，强制要求平台将押金存入银行账户，并实时监管资金流向，只能用于退还用户押金，不得挪用于其他方面。而且，押金退还流程要由第三方监管银行操作，按照原路径实时退还给用户，而非退到平台账户里，以避免押金被平台非法挪用。如此操作，即可将平台管理者与押金隔离开，确保资金的安全性，维护用户的合法权益。

2017 年 3 月，中消协组织摩拜、ofo、由你、永安行、小蓝五家企业代表和法律、交通领域专家及消费者召开座谈会。中消协表示，共享单车企业应当按照《消费者权益保护法》《道路交通安全法》及相关法律规定，明确自身在车辆提供、安全保障方面的责任义务，明确押金、余额管理符合第三方监管的本质要求，并公示资金监管方式；确保单车质量符合安全、卫生、舒适的骑行要求，确保消费者押金、余额一键可退、及时到账，确保消费投诉渠道畅通、权益受损赔偿合理。

五家企业承诺，押金和充值余额均可退。针对目前单车公司APP界面均没有"余额退款"选项一事，五家企业表示可以通过客服电话、APP反馈问题等方式退还充值余额。而关于单车的押金问题，ofo公司目前正跟银行商谈，准备对资金进行第三方监管，以后将把资金放到银行。小蓝和摩拜均表示，其押金全部存放在和招商银行合作的账户里。

4）信用免押金模式将成为主流

从市场竞争的角度看，未来随着竞争加剧、信用环境改善，押金模式将逐渐退出市场，改由信用模式，以彻底消除押金衍生的弊病。

比如，永安行单车和芝麻信用达成合作协议，想要租车骑车的用户只需要绑定自己的身份信息，芝麻信用超过600分，就可以享受免押金的租车服务。2017年3月16日，ofo也宣布开启免押金模式，只要用户芝麻信用有650分，即可免押金使用共享单车，已缴纳押金的也给予退还，免押金模式首先在上海推出，其他城市也将相继开放。

可见，有平台采取免押金模式后，就会形成"破窗效应"，对依靠收押金维持运营的共享单车平台，造成负面影响，会因此流失部分用户。如此可以预见，会有更多平台跟进，采用免押金模式，进而推动形成以信用为主、押金为辅的行业模式。

就在ofo宣布与芝麻信用合作之后，小蓝单车，深圳凡骑绿畅（funbike），成都本地的1步单车，小米旗下的小白单车，金通科技的叮嗒出行、小鸣单车等纷纷表态，支持信用免押模式，表示"押金从来不是一种商业模式，信用让城市更高效、更美好"。

除了共享单车外，近年来酒店、租房、租车、金融等领域，也都推出信用减免押金的服务。比如酒店与芝麻信用合作，全国有1/3的酒店都实现了免押金入住；部分地方医院试点"先看病后付费"的信用医疗服务。可见,在未来信用制度健全之后,押金模式将消退,信用模式将大行其道。《指导意见》提出,"鼓励互联网租赁自行车运营企业采用免押金方式提供租赁服务。"对于收取押金的单车平台,"在企业注册地开立用户押金专用账户,实施专款专用,接受监管,防控用户资金风险"。同时,对于预付资金也提出了类似要求。而对于押金的退还管理机制,《指导意见》则提出,积极推行"即租即押、即还即退"等模式。

共享单车押金孳息的所有权及收益权

共享单车押金的所有权属于用户,这个是毫无置疑的,数十亿元押金沉淀在平台账户上,即便不用于投资理财方面,每天也会产生额度可观的孳息。那么,问题来了,押金孳息又归谁所有,该如何处理孳息呢?

单车押金是用户的,这个很清楚,毋庸讳言。单车押金存放在用户充值账户里,乃是平台收取的信用抵押金,在发生用户因素造成单车损毁时,由平台从押金里面扣掉补偿损失。至于单车押金孳息的所有权,则就相对复杂了,各方存在很大的争议。

按照《物权法》第二百一十三条规定:"质权人有权收取质押财产的孳息,但合同另有约定的除外。"由于我国现有法律法规并无押金概念,导致共享单车押金的法律属性尚不明确,无法适用《物权法》中关于质权人有权收取孳息的规定,也没有关于押金孳息归属的明确法律规定。可见,不能简单认为押金孳息所有权归属平台,也不能认定归属用户所有。

具体而言,共享单车押金孳息的归属,应由平台与用户在押金协议中明确约定,双方达成一致意见,依照协议规定即可。可是,目前平台的押金协议里，并未涉及押金孳息归属问题，平台却实际享有和取得押金孳息，又缺乏法律的支持，导致诱发争议。而单车押金孳息的收益权，也面临着同样的问题，在没有明确约定之前，平台无权将押金孳息用于投资理财，也不能获得相关孳息收益。

目前共享单车平台通过收取用户押金，已聚集高达数十亿元的巨额资金池，如此巨量的押金，每天都会产生高额的孳息，如果再将孳息拿去投资理财，其收益亦不少。而且，随着共享单车用户的持续剧增，押金总量会越发膨胀，孳息收入也将随之增加。

如果任由平台享有孳息收益，那么即便平台经营亏损，也可以从押金孳息方面获益，从而严重依赖孳息收益，导致押金趋向金融化发展，存在变相"非法集资"的嫌疑。而且，这样做使得平台偏离主业，也潜藏着欺诈、跑路风险，最终导致用户利益受损。

可见，对于押金孳息及其收益的归属问题，需要在法律上做个了断，不能这样不明不白。

一方面，通过修订法律，明确共享单车押金的法律概念，要求平台依法收取和管理押金。另一方面，督促平台与用户签订押金协议时，明确押金孳息所有权和收益权的归属与分配，从而避免产生歧义，并严格规定押金孳息的使用范围。

共享单车法律制定原则

1）共享单车法律需有前瞻性和弹性空间

共享单车行业发展速度过快，单车数量、用户数量增长迅猛，衍生出一系列社会问题和法律问题。从规范行业发展、维护行业健康的角度来看，政府有必要未雨绸缪，及早对共享单车立法，制定相关行业标准、管理运营规范、明确用户与平台的权益和责任等。

当然，考虑到共享单车行业出现不足两年，商业模式尚未成熟，用户还在教育期，市场拓展空间很大，很多规则还未完善，需要在实践中不断总结经验，及时调整修订。因此，政府在制定法律时，要有前瞻性，留下一定的伸展空间，既要约束企业规范经营，又不能设置太多条件，过度限制行业发展，以免阻碍行业发展和社会进步。

比如，在网络约车的法律制定过程中，就是一波三折，从最初的观望、放任不管，到既得利益者强烈抵触、地方政府行政干预，最后广泛征求民意、专家意见，综合各方情况，试图平衡利益，出台了行业管理办法，给予网络约车合法地位。可是部分地方政府发布的实施细则，却严重倒退，将网络约车弄成"昂贵版出租车"，设置户籍、排气量、车轴距、日接单量等多个限制条件，导致合规司机和汽车数量剧减，市场竞争被行政破坏，市民再次遭遇打车难、打车贵的困境。

与传统行业不同，互联网领域的创新速度非常快，每年都有许多新的应用出现，一旦被市场接受，就会呈现爆发性增长，短短数年就会创造出一个巨大的市场。由此也引发一个问题，就是现行法律往往显得滞后，跟不上互联网行业的发展，无法预判该项应用市场的趋势，难以提前介入，总是在行业出现重大问题和矛盾时，才被动采取行政干预、制定相关法律等手段，给人的感觉就是在"亡羊补牢"。

不过，这也是正常现象，美国亦是如此。主要是互联网行业对传统行业有颠覆性，对现行规则、制度、既得利益等具有挑战性，政府和社会一时难以适应，现有法律与之有脱节，往往需要观察一段时间，根据市场和社会反馈信息，配合上民意调研、专家意见等，做进一步的深入研讨，最后再制定出相关法律。

未来社会经济发展依赖于科技创新、商业创新，共享单车符合这些特征，乃是新经济的典型代表。因此，在制定共享单车法律时，要吸取网络约车的教训，政府要慎重考虑各方利益，以鼓励新兴产业发展、规范行业经营、维护用户合法权益为导向，不能维护既得利益者，做新兴产业的"拦路石"。

2）要吸取"红旗法案"的失败教训

目前，除交通运输部对外发布的《指导意见》，各地政府鉴于共享单车诱发的各种问题，也纷纷发布地方管理办法征求意见稿，意在约束用户行为，引导行业规范化经营，督促平台加强管理等。从相关内容来看，大部分都契合现实与民意，也有部分值得商榷，需要进一步研讨。

比如，上海版征求意见稿规定"共享单车的使用年限"，"要求除有桩共享自行车之外，其余的共享单车一般连续使用三年就必须强制报废，并且这些报废车辆不得在经过拼装、修理之后重新投入市场"。譬如摩拜单车声称可以使用五年，三年期限是否太短？影响到企业的经营成本，也浪费社会资源，不应该一刀切。

"平台应按照投入车辆总数不低于5‰的比例配备车辆维护人员、维修人员和调运人员。"这个规定也存在问题，共享单车是"互联网+"应用，企业是按照互联网思维来发展与管理的，人员配置比例应由企业管理和市场竞争决定，而非政府强制规定一个比例。如果企业资源配置不合理，就会影响用户体验，进而影响平台运营，因利益受损而失去市场。可见，在具体经营方面，政府不该管得太细、不能越俎代庖，制定法律时要考虑市场公平竞争环境，将经营自主权交还给企业。

诸如此类有争议的规定，以后还会出现很多。有争议是好事，说明政府与企业、公众的立场不同，要经过广泛讨论、充分博弈后，找到一个大多数人都能接受的方案。不能为了政府管理方便，过度设置限制条件，而忽视企业经营利益和公众利益。

历史上，英国在汽车产业发展初期，为了维护马车行业的利益，出台了荒谬的"红旗法案"，严格限制汽车的发展，导致丧失汽车产业发展良机，将市场领导地位拱手让与美国。这种悲剧就是政府违背经济发展规律，过度保护落后产业，人为遏制新兴产业的结果，殷鉴在前，需要牢记，避免悲剧重演。

共享单车海外拓展的法律风险

1）共享单车"出海"前景可观

共享单车是在公共自行车的基础上发展起来的，弥补了后者的缺陷，实现了"互联网+自行车"应用，在国内外都属于创新性项目。目前共享单车不仅在国内迅猛发展，亦开始"出海"拓展到其他国家和地区，将国内共享单车模式输出，并引起国外创业者的关注和效仿。

ofo已在中国、美国、英国、新加坡4个国家的81个城市进行运营，投放量是250万辆，并提出在2017年年底达到2000万辆，日订单突破千万。ofo计划在2017年年底前，登陆20个国家。（截至2017年3月底）

2017年3月21日摩拜单车宣布，在经历了前期的深度调研、悉心筹备和试运营后，正式在新加坡投入运营。

共享单车"出海"实现了中国互联网创新模式输出，不仅可以助推平台企业做大做强，扩张市场空间和影响力，还可带动国内自行车生产企业，提升自行车设计、生产水平，提高车企市场竞争力，实现产业链的重新塑造。目前国内自行车企主要位于低端市场，缺乏行业话语权，而与共享单车合作后，可以借此占领共享单车细分市场，进而实现整体市场的突破，逐步在与国际车企巨头的竞争中高端市场。

2）世界各国对自行车管理的法律规定存在差异

共享单车"出海"遇到的首要问题，就是当地法律背景与国内差异很大，如果擅自投入的话，恐怕要遭遇法律风险，被禁止、没收、罚款等，导致投资失败。因此，平台需要事先调研市场与法律环境，与当地政府协商沟通，探索一条符合当地法律的经营模式。

比如国内市场法律处于空白，平台可以先投放单车，然后政府根据社会反馈，再采取介入管理。但在美国，如果涉及单车项目，需要先和政府沟通，获得许可后才可落地。旧金山通过了一项新规定：任何无桩共享单车在当地投放前必须获得政府许可证明，否则车辆将会被回收。

美国法律规定夜晚自行车行驶要开车灯，所有共享单车都要配有车灯，并且要求使用者佩戴安全帽。

在英国，骑单车需要"全套装备"，也就是需要佩戴头盔护腕护膝，如果不佩戴的话就会被罚款。过意味着共享单车也要满足这些条件，要么平台配置头盔护腕护膝，要么由用户自行准备。

尽管存在这些法律风险，给共享单车平台带来不确定性，但是共享单车模式已然被众多国家接受，部分国家甚至主动伸来橄榄枝，希望能够与平台合作，解决当地市民短途出行、缓解城市交通拥堵压力等问题。

可见，海外法律风险虽然存在，但对于共享单车这种新兴产业而言，并非主要障碍，只要找到合适的协调方法，主动遵守所在国法律，还是能够实现共享单车海外扩张的愿景。

三 | 共享单车动了谁的奶酪

共享单车针对的是城市"最后一公里"出行问题,以"随时随地、廉价骑行"的方案,解决市民短途出行需求。从共享单车大规模进驻各地城市的效果来看,确实达到了预期目标,很快获得市民的认可,注册用户和骑行数量均大幅增长。共享单车已成为继小汽车、公交、地铁之外的第四大出行方式,自行车在城市交通中的占比翻番至11.6%。

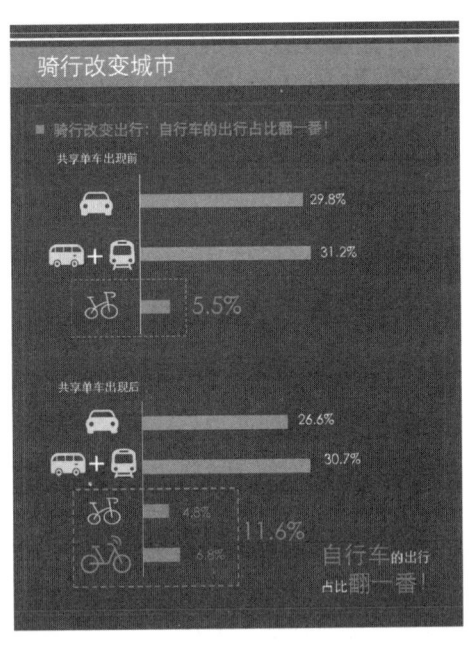

图4 城市交通出行变化

资料来源:《共享单车与城市发展白皮书》

不过，因共享单车在拓展市场的过程中，对部分行业形成挑战，不可避免地触及部分人的利益蛋糕，导致激化矛盾，进而上演利益冲突。

利益冲突的解决之策

共享单车触及各方的利益，引发利益冲突，乃是正常现象。但凡新事物发展起来后，都会对旧势力形成挑战、颠覆、破坏，经过几番较量之后，逐步形成新的市场格局。由于共享单车是满足市民的"最后一公里"出行需求，市场定位明确，用户基础深厚，很快就受到广大市民的认可，发展势头非常迅猛，其增速远远超过其他互联网细分领域。

在网约车颠覆传统出租车行业时，遭遇种种政策阻碍、行政干预、既得利益阻扰，最终网约车被设置过多限制条件，几乎沦为"昂贵版的出租车"，与初衷偏离太多。相比之下，由于在传统自行车领域，并未形成强大的既得利益者，共享单车所受阻力也较小，引发的利益冲突对象虽多，却没有出现致命威胁。反而因利益冲突频频上演，受到社会舆论和公众的密切关注，热议相关解决方案，进而推进了行业的快速发展。

当然，对于相关利益冲突，也需要找到妥善的解决之策，以降低负面影响。可根据利益冲突对象及行为加以分类，采取不同的对策，主要通过法律规定和市场规则解决问题。政府要摆好自身位置，不能偏向某一方，做一个公正透明的裁决者，维护市场公平合理竞争，打击不当竞争，依法处罚违法行为。

共享单车利益冲突的各方

1）公共自行车

在共享单车出现之前,很多城市都建有公共自行车系统,其运营模式类似,乃是由政府出资,组建公共自行车运营公司,或者财政补贴、购买服务,委托公司代管运营。公共自行车的服务对象也是广大市民,只是以公益性为主,因具有深厚的政府背景,难免沾染上一定的行政色彩、国企病。

在共享单车没有出现之前,公共自行车处于市场垄断地位,单车采买、网点设立、投放调配、管理维护等均自行操办,市民需要缴费办卡,押金退还手续烦琐,单车须在固定桩位停放,桩位、刷卡系统经常出现故障等,存在很多限制性条件。而共享单车乃是企业所为,模式获得市场广泛认可,且对公共自行车有一定的替代性,从政府和社会的角度来看,可为政府节约大量财政资金,还能创造税收,提供更多就业机会,提高运营效率等。

比如,杭州公共自行车发展9年之久,目前布局车辆租借点3770个,总投放量8.58万辆,每天约有31.5万人次使用。而共享单车是2016年11月才入驻杭州,短短数月后,就有超过十家共享单车品牌,单车投放量近10万辆。

由此可见,共享单车的市场拓展效率非常高,远远超过公共自行车。而且,在共享单车进驻的城市,市民在体验到快捷便利的益处后,往往会倾向于共享单车,公共自行车则被大量弃用,闲置率不断上升。如此一来，共享单车就对公共自行车形成挤压，影响到后者的正常运营和盈利，形成了利益冲突矛盾，部分城市上演公共自行车运营方收缴共享单车的案例。

2017年2月21日，深圳南山区公共自行车仓库调度中心内，堆放了各种共享单车及市政单车，有近千辆。ofo深圳团队人员反映，收缴方是南山市政单车运营方深圳市凡骑绿畅技术有限公司，怀疑此举存在恶性竞争。

图5 深圳市南山区共享单车被市政单车运营方收缴

图片来源：新闻报道

公共自行车运营方收缴共享单车的理由，主要是乱停放、侵占公共自行车桩位等，可实际上却是因为利益蛋糕遭到侵蚀，想通过收缴的方式干扰共享单车的运营。由于公共自行车运营方乃是托管企业，并没有执法权，此举实则不合规，因此在舆论的质疑下，也就很快将单车归还了。

共享单车与公共自行车确实存在着利益冲突，政府要严格禁止此种恶性行为，依法协调二者之间的利益关系，维护市场公平竞争秩序，鼓励双方采取竞争合作，共同开拓市场。其实，共享单车和公共自行车的服务对象一致，都是针对普通市民的短途出行，只是经营模式不同，应该各取所长，互相融合，通过竞争让市场选择胜利者。

2017年3月27日，杭州公共交通集团及承建商杭州金通科技发布城市"无桩公共自行车"，引发关注。与传统模式下依赖租借点及车桩，通过市民卡完成借车、还车程序相比，新式公共自行车采用智能锁，可通过移动扫码租借。虚拟电子围栏的应用，也使得公共自行车实现"无桩停放"，获得与互联网共享单车类似的使用体验。

杭州是国内公共自行车的首位"吃螃蟹者"，也开始学习共享单车模式，采用无桩停放、移动扫码、智能锁、电子围栏等技术。说明公共自行车在共享单车的竞争压力影响下，不得不低下高贵的头，学习后者更符合用户体验感的经营模式。

反过来，共享单车因乱停放问题备受困扰，也在学习公共自行车的规范管理和定点停放，以应对用户随意乱停放行为，降低对城市街道的堵塞，防范对市民过度干扰。

由此可见，共享单车与公共自行车并不完全冲突，均有自己的定位优势和服务特色，双方可以借鉴彼此的经验，实现融合模式，在良性有序的市场竞争下，为市民提供更优质的服务。

共享单车可以实现公共自行车的功能，又是由企业独立出资兴建，不用政府花钱就解决了市民短途出行问题，且效率和体验感都比公共自行车好，获得市民的广泛认可。政府可以由投资转为提供管理服务，为共享单车规划停放点，聘请城市低保、失业人员等做单车护管员，管理乱停放单车，将单车摆放整齐，引导用户规范使用等。相比公共自行车每年需要的庞大运维费用，此种模式只需花费几十分之一，即可解决乱停放问题，又能解决部分低收入市民就业，显然更划算。

2）永安行

之所以把永安行单独列出来，乃是基于永安行情况相对复杂，其业务已发生变化，由之前的公共自行车运营商，开始转向混合业务模式，也在部分城市布局无桩共享单车，与共享单车平台形成多元竞争格局。

永安行以政府付费投资的有桩公共自行车为主要业务，已覆盖三线及以下210个左右城市及周边县、镇区等。截至2016年年底，累计建设约3.2万个公共自行车站点，投放约89万套公共自行车锁车器设备，骑行会员已达约2000万人，其中线上平台注册会员（永安行平台会员）达750万人左右，并呈快速增长态势，2016年为全国会员提供了超7.5亿次的出行服务。（据永安行招股书）

可见，永安行在有桩公共自行车市场的占有率很高，有近乎一半的比例，利润也很丰厚，收益稳定增长，日子过得很是舒坦。但在无桩共享单车出现后，对有桩公共自行车形成了挑战，永安行所在的城市里，公共自行车空置率上升，经营利益受到很大冲击。

2017年3月8日共享单车惊艳亮相在扬州多个核心商圈，短短半天时间，这些共享单车就突然被"没收"了。收走共享单车的是扬州公共自行车运营公司。该公司相关负责人称，此举是因为接到了市民投诉，公共自行车无法正常停放。而共享单车相关负责人表示，没有影响，接下来将继续投放，如果再被收走将诉诸法律。经协调，收车的"永安公司"同意归还没收的200多辆共享单车。

显然，永安行面对共享单车的冲击，也有些坐不住了，开始玩弄些小动作。不过，这毕竟是拿不到台面上的伎俩，且有越界执法之嫌，难以获得社会公众的认可。

永安行出于巩固市场利益考虑，从2016年下半年开始，少量试点布局用户付费无桩共享单车和共享助力自行车业务，目前已投放共享单车5万辆左右，并在探索将原有桩公共自行车和无桩共享单车、共享助力自行车的功能相结合。

这样一来，永安行实际上陷入左右互搏的业务格局，本身有一定的矛盾冲突，自然难以取舍。有桩公共自行车是政府投资建设，属于轻资产运营模式，无桩共享单车则是公司投资，属于重资产运营模式，对于永安行而言，要平衡二者的关系，确实需要更深入的考虑。目前看来，永安行乃是担心共享单车冲击太大，造成公共自行车被淘汰掉，才做的市场试点布局，给自己留个后路。至于未来究竟会走哪条路，还要继续摸索。

而且，永安行与各大政府签订的合作协议，均为五年周期，存在着一个到期能否续约的不确定性，这也是永安公共自行车系统的经营风险隐患。因为公共自行车本身也有损耗问题，五年周期很多车辆寿命都完结了，需要重新投入新的车辆，导致后期运营维护费用将越来越高，政府财政补贴压力增加。

如此，地方政府就要掂量下，既然有企业出资的共享单车，政府还有必要继续投资搞公共自行车吗？从未来趋势来看，有桩公共自行车的市场空间会压缩，部分市民不喜欢使用手机扫码，习惯刷卡骑车，对公共自行车的依赖性更大。政府有可能保留部分公共自行车，或者将其与共享单车融合，交由共享单车平台托管，实现差异化服务。

那么，永安行就要未雨绸缪，在上市融资之后，仔细权衡利弊，再决定是否全面发力无桩共享单车。毕竟无桩共享单车属于重资产投资，经营模式也有所区别，永安行要勇于革自己的命，才能下决心做无桩共享单车。

由于永安行在公共自行车方面的市场沉淀较长，特别是三四线城市，经营优势更大。而短期内共享单车平台主要在一二线城市布局，没有精力下沉，反而给永安行留下机会，就看永安行能否把握住市场空窗期，先行一步在三四线城市布局无桩共享单车，打造更坚固的护城河。

3）出租车和网络约车

共享单车针对的是市民短途出行，主要为1~3公里之间的距离，骑行时间较短，花费也少，距离太长的话骑行较累，耗费时间也长，对体能也是挑战。而在共享单车出现之前，如果没有公交车直达线路，部分市民会自己开车，或者采取打出租车、网络约车等方式，基本上也就是起步价，价格适中，速度也快，市民大都能够接受。

摩拜单车发布的《共享单车与城市发展白皮书》数据显示，共享单车出现前，小汽车出行占总出行量的29.8%，自行车只占5.5%；共享单车出现后，小汽车占总出行量比例明显下降至26.6%，而自行车骑行的占比翻了一倍至11.6%。根据对分布在全国36个城市近十万名市民的调查统计发现，共享单车出现后，让市民使用小汽车（包括私家车、出租车、网约车）出行的次数减少了55%。

而且，城市公交系统较为发达，很多城市都开设公交车专用车道，以保障公共交通运行效率。共享单车就适宜做接驳工具，与公交车、地铁、轻轨等结合，不会遭遇堵车，出行效率更高，可以节省更多时间。可见，共享单车实际上对小汽车短途出行，起到了部分替代作用。如此，就会影响到出租车、网约车的切身利益，造成其短途业务量减少，导致司机收入下降。

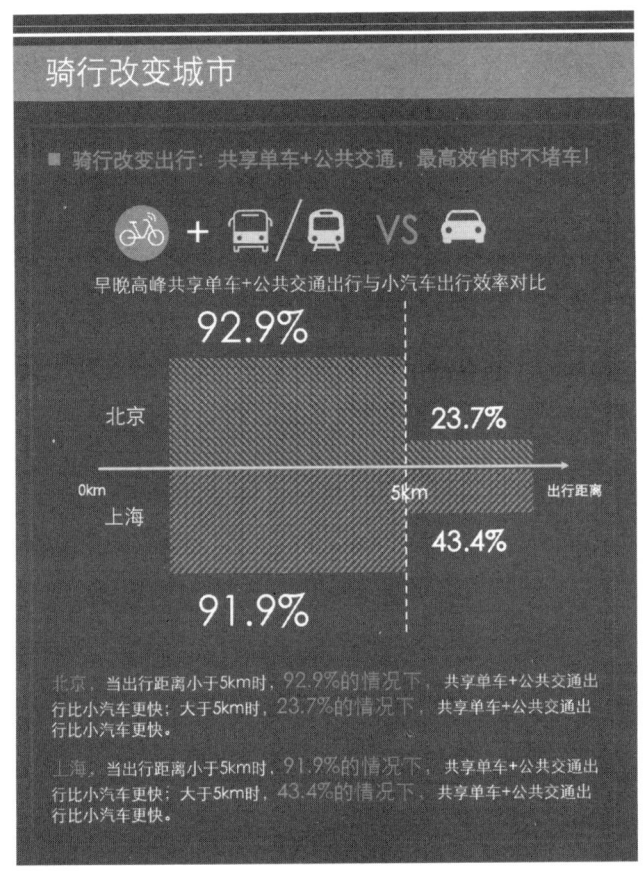

图 6 城市出行效率比较图

资料来源:《共享单车与城市发展白皮书》

虽然共享单车与出租车、网约车有利益冲突,但双方未形成直接对抗的势头,也未引发矛盾激化。主要原因在于出租车、网约车的业务范围较广,失去部分短途业务后,还有其他业务可做,司机收入下降较小,并未影响到根本生存问题。

而且，在共享单车流行后，出现部分用户分流、小汽车使用次数下降之时，也缓解了城市交通压力，改善了交通拥堵情况，对出租车、网约车而言也是好事，提高了工作效率，降低了油耗成本，刺激了接单量提升。显然，共享单车与出租车、网约车之间的竞争并不激烈，可以在市场竞争中，产生良性互动，缓和矛盾。

同时，考虑到共享单车与出租车、网约车有一定的利益冲突和互补性，网约车平台也采取入股共享单车的方式，试图对冲利益损失，减少摩擦。比如2016年9月26日，滴滴出行数千万美元战略投资共享单车平台ofo，宣布未来双方将在城市出行领域展开全方位合作，用户在滴滴平台上有望直接体验到ofo的服务，从而构建一个完整的出行链布局。

4)"黑摩的"与三轮车

在市民短途出行市场里，有一个灰色地带，那就是"黑摩的"和三轮车，这两个差异性并不大。只是，在各地城市里，"黑摩的"都不被政府认可，经常属于被打击、整顿的对象，而三轮车在部分城市里，可以合法登记经营，但也有很多限制性条件，部分区域严格禁止入内。

"黑摩的"与三轮车并非主流交通工具，却承担了很大比例的短途市场份额。特别是在一二线城市里，交通工具往往没有实现无缝接驳，比如公交站与地铁站还有一定的距离，市民需要换乘时，不得不步行或者搭乘"黑摩的"、三轮车等。

由此，很多公交站、地铁站周边，都聚集了大量"黑摩的"、三轮车等，业务量和收入都较为可观。因"黑摩的"属于无车牌、无驾照、无营业执照的"三无"营运车辆，存在肆意穿行、违法经营、抢客拉活等交通违规行为，给城市交通造成很大的安全隐患，时有发生交通事故。而且，"黑摩的"的查处难度很大，司机经营成本低，经常是在清理整顿后,没多久就死灰复燃,令管理者颇为头疼。

可让人没想到的是,共享单车最先颠覆了"黑摩的"行业。执法部门打不掉的"黑摩的",却被共享单车给干掉了。据《共享单车与城市发展白皮书》数据显示,在共享单车出现后,市民使用"黑摩的"出行次数减少了53%,约1/5的共享单车用户骑行目的是地铁公交接驳。

以北京某地铁站为例,之前周边有200多辆"黑摩的",一个司机每天成交40单以上,司机单日收入达200元以上。而共享单车出现后,"黑摩的"数量减少到五六十辆,一个司机每天只有十多单业务,70%的司机被迫转业。

图7 共享单车对黑摩的的影响

资料来源:《共享单车与城市发展白皮书》

可见，共享单车代替了"黑摩的"、三轮车的大部分市场，造成相关从业者的收入大幅度下降，甚至失去了生存空间。如此，也就引起了他们的强烈不满，开始对共享单车下手，人为损坏、破坏性堆放单车等行为屡屡发生。

2016年12月初，针对北京望京地铁站口出现的共享单车堆积如山的现象，望京地区的城管方面就回应，对共享单车破坏性堆放的并非他们，而是那些与其有利益冲突的黑车和摩的："因为抢了他们生意，（共享单车）十分方便，所以没人打摩的，他们没生意了。"

"黑摩的"、三轮车司机出于报复泄愤而破坏共享单车，试图阻碍共享单车的发展，维护自己的收入利益，其行为已然涉嫌违法。此举损害共享单车平台的财产利益，干扰城市交通秩序，妨碍市民租用共享单车正常骑行，还埋下了安全隐患，社会负面影响非常大，应依法予以惩处，让违法者付出代价，维护平台和市民的合法权益。

目前部分地方已经出台共享单车管理办法，明确人为破坏共享单车属于违法行为，要依法予以严厉打击，且已有现实案例裁决。

当然，也要看到共享单车导致"黑摩的"、三轮车司机大面积"失业"的现实，政府应采取疏堵并举的措施，一方面打击破坏共享单车行为，另一方面引导"失业"司机转行，另谋生路，有稳定收入后就会降低破坏性。共享单车平台也可以采取"招安"之术，主动吸纳部分"黑摩的"、三轮车司机，将其转化成街头单车巡视管理员工。

5）自行车出租

在很多地方的景区、公园等区域，均有自行车出租经营业务，主要是为游客提供租车游览服务，其收费较高，一般为每小时数十元，骑行限制性很多。消费者体验感并不好，但是这些地方的自行车出租业务，均为垄断性封闭式经营，缺乏竞争对手，消费者也没有选择余地。

而在共享单车出现后，就对自行车出租业务形成了冲击，共享单车价格低廉，停放也方便，造成自行车出租业务大幅度下降，影响到经营者的收入，进而引发其抵触心理，甚至心生报复，对共享单车进行破坏。

2017年2月26日，成都市幸福梅林一停车场内发生一起故意毁坏共享单车案件。成都市公安局锦江公安分局接到报案后高度重视，立即成立专案组开展侦查工作。通过昼夜奋战，专案组于2月28日凌晨将犯罪嫌疑人钟某（男，36岁）抓获。

经审查，钟某交代：其本人系幸福梅林景区自行车租赁从业人员，因共享单车使用者多次将车辆停放在其租赁点位，影响其经营，遂怀恨在心。2017年2月26日上午8时许，其准备摆摊经营时，发现又有共享单车停放在其租赁点，遂将这些车辆推至旁边停车场内，用打火机点燃枯树枝对共享单车进行焚烧，共计造成12辆共享单车被毁。

而且，自行车出租寄生在景区、公园内，需要缴纳租金、管理费等给景区。如此二者就形成利益共同体，在遇到共享单车冲击时，景区管理者也会出面干扰共享单车，维护自行车出租的垄断利益。

共享单车与自行车出租的利益冲突非常直接，由于共享单车的体验感远超后者，价格又便宜得多，形成毁灭性打击，必然诱发自行车出租者的强烈抵抗，上演破坏共享单车行为。新旧行业的更替，造成旧模式的淘汰，乃是社会经济发展的常态，这是经济规律使然，政府不应庇护旧模式，对违法行为要坚持依法处罚。

部分景区、公园对自行车出租采取排他性封闭管理模式，禁止共享单车入内，已然涉嫌垄断经营，干涉消费者自由权，应视为无效规定。同时，要求景区、公园规划共享单车停放点，给市民提供停车便利，并进行有序管理。

6）自行车、电单车零售店

我国是一个自行车大国，据中国自行车协会提供的数据显示，截至2013年年底，中国自行车社会保有量已有3.7亿辆。2016年我国自行车总产量为8518.3万辆，其中脚踏自行车产量为5303.3万辆，电动自行车产量为3215万辆。如此庞大的基数，对应的是一个庞大的消费群体，以及遍及全国各地的销售网络。

几乎每个中国家庭都有购买自行车、电动自行车的经历，不仅要支出购买成本，同时也要承担维修费用，还要面临被盗窃、损坏等风险。其中，自行车、电动自行车被盗窃的案例太多，很多人都有过相似的记忆，有的人甚至被偷盗过多辆，造成了一定的经济损失。

而共享单车解决了这个痛点，市民只需注册付费使用，不再担心被盗窃、损坏、维修等问题，均由平台来承担相关风险。由此，消费者对购买自行车、电动自行车的欲望也就大幅下降，直接影响到相关零售店的销售，特别是低价位自行车销量，所受到的冲击最大。

据北京市自行车电动车行业协会透露，从2016年下半年的数据看，北京市场销售的中低端自行车销量大幅度萎缩，与往年同期相比减少了近三分之一。类似情况在其他共享单车进驻城市时，都差不多，很多零售店生意一落千丈，无法承受亏损压力，被迫清货关门，或者转型改行。目前受到影响较小的，则是高端运动自行车，主要是销售人群和市场定位不同，不会被共享单车取代。

共享单车影响到自行车、电动自行车零售店的生意，导致其销量下降，收入减少，亦会引发部分店主的不满和抵触，有可能对店铺附近的共享单车运营进行干扰、破坏。不过，由于店面的辐射面有限，只能做些小动作，在生意不景气的情况下，店主也会及时想办法转型，不至于干耗着。

在自行车、电动自行车零售店受到共享单车冲击之时，也激活了单车维修师职业。由于共享单车骑行频次高，自然损耗加快，再加上目前人为损坏单车的情况较为严重，共享单车的维修量很大，且随着投放数量的快速增长，需要维修的单车数量亦与日俱增。相应地，对单车维修师的需求量，也在大幅度增加。

图8　共享单车激活大量维修师

图片来源：新闻报道

而自行车、电动自行车零售店一般都有维修服务，长期与客户打交道，技术相对熟练，很多从业者选择转行做维修师，成为共享单车平台的正式员工，收入稳定，还有福利待遇，工作条件也有所改善。也有零售店主醒悟较早，看到共享单车行业的发展不可阻挡，及时调整心态，不再与之抗拒，而是选择与平台签约合作，成为共享单车的维修合作店，按照单车的维修难度和数量计费，化身为平台的维修支援。

7）共享单车同业竞争对手

共享单车发展迅猛，市场参与者众多，至今已有约三十家平台，很多城市都同时拥有多家共享单车平台，投放数量也是互相攀比，且投放地点相对集中，导致市场竞争非常激烈。由于共享单车的运营模式一致，除了 ofo 的传统车型外，其他平台的车型雷同，差异化很小，且都针对同样的用户群体。

共享单车的整体市场空间巨大，很多城市还未进入，竞争尚在圈地阶段，市场比拼相对粗暴简单，谁能在短时间内投放更多单车，圈占到更多的用户，就可能在下一阶段存活下来。因此，在很多城市的中心区域，都能见到多个平台的共享单车，大量集中摆放在一起，形成了短兵相接之势。

而且，共享单车的战火燃烧到线上，部分平台为抢用户，开打价格战，骑行费用动辄半价、免费。如此竞争，导致共享单车的盈利模式陷入困境，盈利预期遭到拖延，势必激化平台之间的矛盾冲突，诱发部分平台在暗地里搞些小动作，诸如破坏对手单车、互相拆台、推广人员对抗等。

共享单车平台之间恶斗，乃是不正当竞争行为，且存在违法嫌疑，理应依法予以禁止和处罚。政府须制定共享单车行业标准、地方管理规定等，以此约束共享单车规范运营、公平竞争，防范违规行为激化矛盾冲突。如果平台间发生摩擦、纠纷，也应走商业协调、司法裁决之路，不能私下搞小动作破坏对方运营。

共享单车行业市场空间很大，平台应采取公平竞争的手段，发挥自身竞争优势，以质量和优质服务吸引用户。

从共享单车的市场未来发展趋势看，每个城市能够容纳的单车数量有限，先入者占有优势，形成强者恒强的局势，最后就依靠规模取胜，规模大的盈利可能性最大，能够存活下来的平台数量有限。而在市场开拓阶段完成后，就会迅速进入全面整合阶段，竞争呈现白热化，部分平台会被淘汰出局，要么倒闭，要么被重组收购掉，市场将形成少数巨头瓜分的格局。

8）环卫、城管、街道办

将这几个放在一起，乃是因为它们同属行政管理部门，负责维护城市街道卫生、市容、秩序等方面，有责任管理、整治共享单车乱象，否则，就会影响到这些部门的业绩考核。

事实上，在共享单车进驻各地城市后，就因集中投放大量单车、用户乱停放等行为，造成部分中心区域单车密度太大，停放不规范，占道情况非常严重，很多人行道被单车堵塞，影响到市民的正常出行，亦对市容、交通秩序形成干扰。

因此，不规范投放单车、乱停放等行为，直接影响到环卫、城管、街道办等管理部门的利益，触发它们清理、收缴共享单车的动机。而且，部分城市的公共自行车系统归属城管部门，共享单车侵蚀到公共自行车的利益蛋糕，亦导致城管出手收缴共享单车。

环卫、城管、街道办等行政管理部门，本身对共享单车负有一定的管理职责，日常工作任务较重，如果共享单车乱停放不受控制的话，就会给职权部门增加更大的管理麻烦，令其疲于应付。

因此，地方政府有必要出台规范措施，要求平台合规投放单车，加强日常运营管理，及时调度车辆，平抑潮汐式出行带来的单车分配不均衡问题。比如摩拜单车采用红包方式，激励用户将单车从偏僻区域、过度集中点,骑行到其他需要的区域,实现智能调度,不仅节省调度费用,效果也非常好,可以及时平抑潮汐、乱停放等问题。

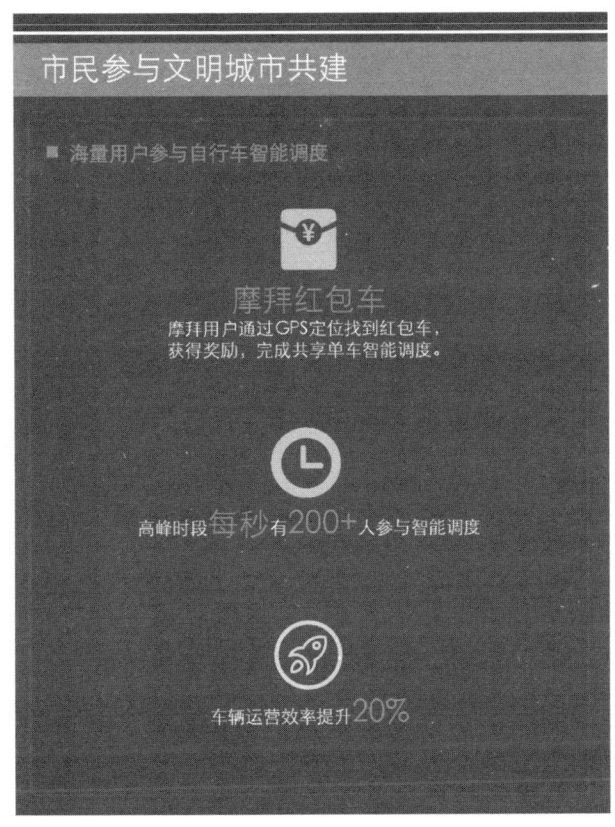

图9 共享单车发红包鼓励市民参与单车调度

资料来源:《共享单车与城市发展白皮书》

同时,要求职权部门与平台积极主动配合,安排人手监管,与平台合作协商解决方案,将社会负面影响降低到最小化。

各级政府部门应认识到,共享单车属于市场自发行为,应鼓励发挥市场的调节功能,通过市场竞争达到优胜劣汰,实现市场动态平衡。因此,要通过行政规范限制监管部门权力,防范权力寻租行为,避免越权过度管理,导致行政之手干扰市场正常行为,破坏共享单车行业的健康发展。

四｜用法律和技术遏制"公地悲剧"

共享单车自推出以后，就赢得广大市民的支持，但在街头随处可见的单车里面，却有很多出现各种程度的损坏，让平台和用户备受困扰，亦严重影响到共享单车的体验感，甚至制约到行业的健康发展。

共享单车的自然损坏情况

共享单车与家庭自行车的不同之处，在于共享单车是分时租赁模式，每一位注册用户都可以合法付费骑行，一辆共享单车的骑行频次很多，平均每天要服务十几位市民。那么，在骑行频次高、服务范围广的情况下，共享单车自损率也就比家庭自行车高出很多，使用寿命期限大大缩短。

事实上，从笔者街头观察和媒体报道看，大量共享单车的链条、脚蹬、车把等零部件存在损坏情况，主要就是单车骑行频次高及质量问题造成的自损。接下来以市场占有率最高的 ofo 单车与摩拜单车为例，具体分析两种车型的自损情况。

1）ofo 单车

最初以校园市场起家，车辆来源主要有两种渠道：一是校园学生自愿共享捐赠，将自己的自行车捐献给 ofo 经营，获取 ofo 所有共享单车的免费使用权；二是平台自行购买。从两种渠道来的自行车通过改装机械锁、号码牌、涂装黄色后投放使用，均为最普通的常见传统车型。

优点：这种车型技术含量低、成本低廉，就是传统自行车加个机械密码锁、二维码牌，捐赠车的改造成本只有几十元，自购车造价为 200~300 元。如此，平台可以在短时间内大量投放市场，街头到处都是"小黄车"，形成"车海效应"，实现"随时随地有车骑"的目标，快速吸引到大量注册用户。

缺点：车辆易损，传统单车配件质量一般，耐磨性差，容易出现掉链子、破胎、脚蹬脱落等常见毛病。没有内置卫星定位系统，依靠用户手机定位，导致用户经常找不到车。而且机械密码锁的密码设置简单，容易被破解。ofo 单车成本虽低，但维修费用高，市场上所见到的损坏单车，一大半都是"小黄车"，直接影响到 ofo 单车的口碑。

图 10　ofo 单车脚踏板缺失

2）摩拜单车

一开始就走技术路线，定制化生产，设计独特，率先在国内推出带有 GPS 和智能密码锁、实心胎、轴传动发电、一体轮的共享单车。查询国家知识产权局网站发现，摩拜单车目前已经获得 29 项专利，涵盖自行车车身、智能车锁、电机系统、车身零部件等多个领域。

优点：技术含量高，设计新颖，很容易吸引到市民眼球，迅速打响知名度，很多人以骑行摩拜单车为荣。零配件需要定制开模，生产质量可控，单车质量稳定，正常使用的话，可以达到四年免人工维护，从而大幅度降低自损率和维修成本。从市场上也可以看到，摩拜单车自损情况并不多，主要是人为破坏造成的，说明单车质量得到市场检验。

缺点：造价高，据外界估算第一代车型成本高达 3000 元，迭代版成本降低，也在千元左右。零配件供应短缺，单车产量受到限制，影响到市场投放速度。车身较重，实心胎骑行相对费力，导致部分用户的骑行体验感不佳。智能电子密码锁受到低温、光线、电量等因素影响，开锁率无法达到百分百。自充电是个问题，一旦没电就不能打开。

共享单车硬件标准要统一

综合来看，ofo 与摩拜的第一代车型区别很大，优势与缺点都较为鲜明。在经过市场反馈后，两家都相继推出升级版车型，并参考了对方车型的优点，共享单车车型有融合趋势。目前，智能锁、GPS 定位等已成为共享单车标配，单车质量整体有所提升，自损率降低。市场上的第一代传统"小黄车"存量较大,损坏率高,需要逐步用新车型替代。

针对共享单车智能锁暴露出的充电、解锁等问题,ofo、摩拜等都在探索物联网 NB-IoT 技术的共享单车智能解决方案。NB-IoT 的覆盖范围广、功耗低、开锁快、待机时间甚至可以长达十年。而共享单车具备充电困难、流动性强的特点,恰好需要功耗低、覆盖范围广的解决方案。如果这个方案成功的话,将是物联网技术应用领域的突破,也可以保障共享单车智能锁的安全使用问题。

而且,现在政府对共享单车的标准也在研究探索中。交通部《指导意见》要求,要加强互联网租赁自行车标准化建设,适时制定基础通用类国家标准。上海发布的《征求意见稿》,就对共享单车的硬件标准逐一列举,并要求三年强制性报废,不得再次上市使用,也是考虑到共享单车骑行频次高、零配件磨损快、寿命相对较短的因素。

共享单车被人为故意损坏

从共享单车的整体损坏情况来看,人为损坏的数量占比很大,问题也比较复杂,引发的社会反应非常激烈,舆论和公众对人为损坏共享单车的行为,均予以严厉批责,认为需要依法予以处罚。如果从单车损坏状况来看,人为损坏对单车造成的损害也最大,很多单车被人为拆毁、砸坏、烧掉、扔到河里等,导致共享单车遭到严重破坏,用户无法骑行,影响到单车平台的运营。

人为损坏共享单车的行为非常恶劣,暴露出部分人的公民素质和道德修养低下,以及行业利益冲突,社会负面影响非常大。人为损坏共享单车涉嫌违法，应依法予以处罚。而且，故意毁坏他人财物构成犯罪的，还要承担民事赔偿责任。

除了依法打击之外，共享单车平台也要加强日常管理，安排人手巡查，鼓励市民举报线索，发现人为损坏共享单车行为，就及时制止、报警处理。同时，改进共享单车的设计，提高质量水平和破坏难度，让人知难而退。

从现实情况看，ofo单车被人为损坏的情况最多，主要就是因为传统单车质量一般、零件容易拆毁，也好倒卖。

而摩拜单车牢固结实，一体化设计零件少，破坏难度大，即便倒卖也没人敢收。而且，摩拜单车内置卫星定位系统，采取物联网联接，一旦遭遇非法破拆、搬离原地等情况，就会发出警报声，并且向系统报警，从而吓阻违法者，也能及时定位单车位置，查获违法者行踪。

可见，利用生产质量和独特设计，防范人为损坏共享单车，也是一条可行之路。

图11　ofo单车轮胎被拆

出于私利人为占有共享单车

1）私占共享单车破坏共享模式

共享单车确实很方便,只要街上看到单车,就能随时随地扫码骑车,因此吸引到越来越多的用户。不过,共享单车呈现潮汐式骑行规律,部分热点区域高峰期客流量大,共享单车往往供不应求,部分人因此打起了歪脑筋,想尽各种手段,诸如涂抹二维码、拆车牌、上私锁等,独占单车使用权,把共享单车停放在住宅区或工作区内,这是方便自己,却让别人不方便了。

图 12 摩拜单车二维码被涂抹

这种私自占有共享单车使用权的行为,侵犯了平台的财产所有权益,只是没有破坏单车的零件,后果相对较小。平台采取出租共享单车使用权的经营模式,获得相应的收入,而私自占有单车的行为,令使用权遭到破坏,平台无法正常出租收费。如果这种私占行为越来越多,成为主流的话，就会令共享单车的性质变质，由一台单车服务所有人，变成只供一人使用，则就偏离共享意义，也会令行业走向死胡同。

图 13 ofo 单车被私锁

图片来源：网络

2）私占单车的后果

通过私占共享单车，不仅损害到平台利益，也让其他用户无法正常骑行单车。在个别用户独占单车后，平台难以正常采集骑行轨迹，就会令该辆单车失去监管，用户可以肆无忌惮地使用。而在将其骑坏后，还可以采取此种方法，换一辆单车继续骑行，就会造成单车损毁率增加。

从《物权法》的角度来看，单车物权是属于共享平台的，任何针对单车的破坏行为都可能构成侵权。采取涂改二维码、私锁等私占共享单车的行为，实际上相当于非法将车辆所有权变为私人占有，侵犯了平台的财产所有权。

3）私占单车的法律处罚问题

目前针对私占单车行为，平台因为没有执法权，在发现后，只能报警处理，由警方对违规者予以处罚。根据相关法律，对私占单车行为可以采取行政处罚或者刑事处罚，但二者的法律性质和执法成本都不一样，相对而言，行政处罚更为合理些。用户与平台属于商业契约关系，私占单车则就违反了合同，适用于民事法律，采用行政处罚不仅执法成本降低，执法效率也更高些。

由于共享单车属于新生事物，相关行业标准和法律方面都存在空白与争议，并没有统一定论。目前在现实执法中，因涉案金额不大，警方也是以警告、教育为主，有部分案件进入司法程序，经裁决后，也往往施以缓刑和罚款，显然并不想轻易动用刑事处罚。

4）从技术与管理两方面解决私占共享单车

技术方面。目前二维码是直接暴露在外面的，可以考虑将二维码镶嵌在里层，外面覆盖透明防涂材质，不影响正常扫码。车牌目前也是悬挂在车身上，可以将车牌内置在车体里，防止被用户拆掉。私锁问题，平台可以跟警方协商，由警方授权，在发现私锁行为时，允许平台自行剪断，以提高执法效率。

共享单车平台有用户的骑行轨迹记录，可以根据用户的日常活动范围，结合单车的运行轨迹，做大数据对比。如果发现一台单车长期被某个用户长期使用，比如连续三天时间，就即时触及响应警报，提醒平台该用户异常情况，从而锁住该用户的使用权限，不让单车被其激活。

管理方面。目前针对用户私占、损坏单车行为，平台一般采取举报奖励机制，鼓励用户拍照提供线索，对举报成功的用户，给予积分奖励，或者免费骑行等。这是利用发动群众的模式，弥补自身工作人员能力范围不足。

从实施效果来看,很多用户在积极举报线索,有些人是冲着奖励去的,也有些人是怀着公益心,不想看到共享单车被破坏。现在部分城市可以见到"摩拜猎人"、"ofo猎人"等公益组织,市民自发上街查找被私占、损坏的共享单车,劝阻不文明行为,以维护共享单车的正常运营。还有人随身带着大力钳,见到私锁单车的,就去将私锁剪断。

遏制人为损坏共享单车要依靠法律和技术

共享单车被人为损坏、私占等情况较为普遍,也是目前最令平台和用户头疼的一件事。因其直接破坏了平台的财产所有权,延误了其市场拓展,令用户无法正常骑行,影响到共享单车的消费体验。

遏制人为损坏、私占共享单车行为,一方面要采取法律手段,依法处罚违法者,另一方面,平台需要提升单车技术含量,完善管理工作。

目前,部分城市针对人为损坏、私占共享单车的行为,出台了相关通告、试点意见、管理规定等,明确此种行为涉嫌违法,将依法予以打击。北京、广州、深圳等地已经查处了多起针对共享单车的违法案件,相关责任人员均已经得到了应有的惩罚。上海市金山区人民法院在裁决某起案子时,判定盗窃共享单车行为触犯《刑法》,将会遭到拘役的制裁。

依法处罚人为损坏、私占共享单车的案例曝光后,会达到一定的警示效应,形成普法宣传作用,让广大民众看到此种违法行为的后果,从而主动遵守法律。法律底线要坚守,对违法行为"零容忍",杜绝个别人的侥幸心理。

从现实情况来看，传统单车损坏的比例最大、损坏情况也最严重，且主要集中在 ofo 车型上。甚至有用户反应，在部分地区，十辆 ofo 单车里，只有两三辆好的，这种极端现象对平台的形象影响很大。说明车型的设计、生产质量很关键，平台要吸取经验教训，加强技术研发，把共享单车设计、生产得更牢固些，降低自损率、提高人为损坏难度。

共享单车的投放数量庞大，平台人手相对不足，难以全面应付，基于此平台大都采取用户奖励机制，鼓励用户拍照举报损坏单车情况，对情况属实的给予积分、红包、免费骑行等奖励措施。这是一种软性的管理模式，乃是将数千万用户发动起来，形成人海战术，弥补了自身员工不足的困境。现实中，很多用户出于奖励机制和公益心，经常自发上街巡查单车，甚至有主播参与直播报道，也起到了正反馈效应。

五 | 共享单车助力信用社会建立

信用是现代市场经济发展的基础，健全良好的信用体系，乃是推动市场经济健康发展的保障。信用也是除了法律之外，维护市场经济有序运行的重要机制，而缺乏信用制度的支撑，现代市场经济将寸步难行。

共享单车就是建立在信用基础上的，企业与用户分享单车使用权，收取小额押金、低廉费用，让用户最大化地自由使用，并依赖于用户的自觉意识。如果用户都缺乏信用，肆意破坏规则，无视契约精神，那么共享单车就玩不转。可见，共享单车需要辅以完善的信用机制。

我国社会信用体系的现状与发展

信用是市场经济的生命和灵魂，西方人将诚信看作"最好的竞争手段"。我国古代倡导诚信为本的意识，诸如尾生抱柱、城门立木等经典例子，就是对诚信的最好诠释。诚信亦是商业领域的发展基石，众多百年老店，就是依靠诚信原则，生产销售可靠商品，得到消费者的信赖而延续下来的。比如，同仁堂的"炮制虽繁必不敢省人工，品味虽贵必不敢减物力"古训，就是坚持诚信、童叟无欺，代代相传下来，培育出同仁堂良好的商誉。在现代社会生活中，合同债权、担保、保险、票据等均以信用为基础，诚信也是民商事活动的基本原则。

我国政府对社会信用体系建设非常重视，党的十八大提出"加强政务诚信、商务诚信、社会诚信和司法公信建设"，十八届三中全会提出的"建立健全社会征信体系，褒扬诚信，惩戒失信"，《中共中央国务院关于加强和创新社会管理的意见》提出"建立健全社会诚信制度"。

我国社会信用体系建设虽然取得一定进展，但与经济发展水平和社会发展阶段不匹配、不协调、不适应的矛盾仍然突出。存在的主要问题包括：覆盖全社会的征信系统尚未形成，社会成员信用记录严重缺失，守信激励和失信惩戒机制尚不健全，守信激励不足，失信成本偏低；信用服务市场不发达，服务体系不成熟，服务行为不规范，服务机构公信力不足，信用信息主体权益保护机制缺失；社会诚信意识和信用水平偏低，履约践诺、诚实守信的社会氛围尚未形成，重特大生产安全事故、食品药品安全事件时有发生，商业欺诈、制假售假、偷逃骗税、虚报冒领、学术不端等现象屡禁不止，政务诚信度、司法公信度离人民群众的期待还有一定差距等。

我国社会信用体系尚不健全，社会整体信用指数偏低，社会上假冒伪劣商品、欺诈行为横行，民众深受其苦。信用缺失最直接的影响，就是导致人与人之间缺乏足够信任，猜忌心、戒备心过重，社会沟通摩擦成本过高，增加了市场经济的运行成本。

随着市场经济的快速发展，社会对信用的需求越发强烈，信用评估体系建设也在加速。不仅政府在构建社会信用体系，企业、机构都在根据发展需要，建立相应的信用体系，评估个人信用和企事业单位信用，以备交易、服务之需。诸如金融、电子支付、房地产业、设备租赁等行业，均对信用有着强烈需求，同时亦在持续产生大量交易信息，为建设社会信用体系提供了大数据资源。

在信息化逐渐普及的社会环境下，越来越多的数据形成电子化、网络化，相比以往，采集个人信用数据的难度降低很多。比如共享单车行业，本身就是"互联网+自行车"行业，从诞生开始就产生海量数据，用户的个人信息资料、骑行轨迹、行为规范等记录，均可以作为个人信用评估基础数据。

可见，社会信用体系建设会随着互联网的普及，呈现快速发展的势头，我国社会信用环境也将迎来新的变化。在信用被广泛应用到各个领域之后，在奖惩机制的作用下，民众和企业、机构都将珍惜信用指数，诚信也将逐步成为社会主流，社会环境会随之得到改善。

共享单车的信用消费模式探索

共享单车普遍采取押金模式，其主因就是社会信用体系不健全，个人信用评估不完善。平台为防范出现用户故意损坏单车、违规骑行、交通违法罚金等行为，不得已要求用户缴纳押金，在出现相关行为时，就可从押金里扣除。此乃预设用户有潜在的违法违规行为，属于先小人后君子的作风，虽然可以起到维护平台利益的效果，却无形中激起用户和舆论的不满，又因押金总额太高，引起各方的质疑和批责。

据数据统计显示，目前共享单车行业沉淀的押金总额，已经超过60亿元之巨（截至2017年3月）。如此庞大的资金池，涉及数千万用户的切身利益，一旦出现平台挪用资金、卷款跑路等情况，就会给广大用户造成巨额损失，社会负面影响非常大。

现在社会各界都在讨论该如何规范化管理押金，各地政府约谈平台，要求其尽快公布押金管理情况，平台方也希望政府能够出台统一标准。一个可行之路就是借鉴券商业，采取第三方监管模式，规避资金风险，但并未彻底解决押金模式的弊端，还有押金孳息、投资收益等争议未决。

《指导意见》鼓励共享单车平台采用免押金方式提供租赁服务。据芝麻信用发布《全国城市信用免押服务报告》显示，目前全国381个城市已经开启信用免押服务，开始向"信用城市"升级。从应用场景来看，信用免押已经在酒店、租房、民宿、租车、共享单车、医疗、便民服务、农业设备租赁八大行业被广泛使用，合计免除押金已超150亿元，近2000万人享受过免押金服务。

显然，最好的解决办法，乃是采取信用模式，平台根据个人信用信息，将共享单车与用户的信用指数挂钩，超过一定信用标准的，就可以免押金骑行，低于信用标准的则要支付押金。当用户出现损坏单车、违规骑行、交通罚款时，就由平台和信用机构督促其缴纳费用，并扣除相应的信用积分。对于长期骑行守规守法用户，则可以增加信用积分。

如此，就可以大幅度降低押金额度，降低资金池风险，又可通过信用奖惩机制，倒逼用户重视信用指数，谨慎规范骑行，并起到正面激励的效果，鼓励用户维护自身信用。已经有多个共享单车平台与芝麻信用合作，启用免押金信用模式，未来随着竞争压力，越来越多的平台跟进，信用免押有可能成为行业标准。

目前芝麻信用已对接了永安行、ofo、小蓝、优拜、funbike、1步单车，其中，新用户芝麻信用达到600，可以免缴永安行的押金、达到650可免缴ofo的押金；芝麻信用700可以免缴小蓝单车的押金，甚至关锁之后不及时支付，也会在下次开启之后延迟结算。

共享单车施行消费信用模式后，平台、用户、信用机构三方都是获益者。平台通过信用机制约束用户行为，降低经济损失，提高运营管理效率。用户依靠信用即可免押金租车，不仅省钱省事，还能督促自己自律，提升自身信用。信用机构则可以借此机会，收集平台和用户信用信息。

显然，共享单车引入信用模式，不仅对平台发展有利，也拓展了个人信用消费领域，有助于社会信用体系建设。

信用违约要承担后果

用户与共享单车平台签订合同，用户支付骑行费用，平台出租单车，两者之间存在租赁合同关系。可见用车规则就是一种合同契约，双方要按契约来执行，要是一方违约的话，就要承担相应的责任。

目前共享单车平台大都引入了信用机制，将用户行为与信用积分挂钩。如果遵守规则骑行，信用记录良好，分数就会逐步增加，相反要是违反规则，就要扣掉积分，降低用户信用指数。而信用指数降低后，就会影响到用户使用共享单车，加之与征信系统对接联网，会将用户的信用积分，纳入个人信用，骑行污点就会衍生到其他领域，导致用户在日常工作与生活中受到各种限制，包括信用卡、租车、个人贷款等都会受到一定影响。

1）用户违约

用户要遵守规则合规骑行，不能人为损坏单车，不能乱停放，不能私占单车等。如果发生违规行为，就要按照规定接受惩罚，比如，扣除信用积分、罚款、提高租车费用等，给用户增加不便、提升用车成本，从而倒逼其遵守规则。如果发生严重违约行为，诸如故意毁坏单车、屡次私占单车等，可考虑将其纳入"黑名单"，终生禁止使用单车。

比如摩拜单车信用积分制度：每个用户默认100分为起始信用分数。用户将车辆停在小区、地库、单位大院以及其他非路边白线或单车聚集区域，都属于违停，违停用户将每次将被扣除20分；加装私锁、忘记关锁导致车辆丢失和非法移车等行为则将被直接扣至0分；用户信用分低于80分时，租车费用将提升至每半小时100元。

2017年4月6日，深圳正式发布《关于鼓励规范互联网自行车发展的若干意见》，要求平台建立用户行为规范和信用评价管理制度，通过对用户不良行为采取扣减信用积分、提高车辆使用的收费标准等措施，引导用户形成良好的骑行、停放习惯。租用互联网自行车的市民，应当遵守《中华人民共和国道路交通安全法》等相关法律法规，对违反自行车道路交通通行有关规定或违规停放自行车的行为，公安交警部门、城管部门依法进行处罚，并将其违法违规信息计入个人征信体系。

可见，平台和政府都很重视利用信用制度来约束用户行为，督促广大用户合规骑行，爱护共享单车，珍惜个人信用积分。

2）平台违约

用户的个人信息资料、骑行轨迹等数据，均保存在平台系统内，平台有责任保护好这些数据，不得非法泄露，以免用户利益受损。

共享单车平台作为出租方，应当提供质量合格的单车，尽到管理及维护保养的义务。要保管好用户的押金、充值余额等，不得挪用、随意扣费；如果用户申请退还，就要遵照规定在期限内退还，不得用任何借口推诿。

这些都是平台与用户注册签约时做出的承诺，如果违约的话，就要接受法律的惩罚，并对用户做出经济赔偿。

平台要履行社会责任，有义务加强单车停放管理，灵活调度区域内单车数量，降低对交通系统和社会公共秩序的负面干扰。

政府要对平台加强监管，对于平台的违约行为，应及时查证，属实的话就依法处罚。如果平台屡次发生违约行为，且不积极纠正的话，就要加大处罚力度，严重者可以依法整改、吊销证照等。

交通运输部《指导意见》提出，要引导用户安全文明用车，加强对互联网租赁自行车使用规范和安全文明骑行的宣传教育。加强信用管理，建立企业和用户信用基础数据库，企业和用户不文明行为和违法违规行为记入信用记录，建立守信激励和失信惩戒机制。

共享单车对社会信用体系建设的影响

社会信用体系与市场经济制度相辅相成，成熟的市场经济需要完善的社会信用体系。我国社会信用体系建设较晚，远远滞后于市场经济的发展，存在个人信用信息数据不完整、征信系统不完善等问题，导致公众信任度过低，社会沟通、交易成本过高，一定程度上拖累了市场经济的健康发展。

目前，政府在努力推进社会信用体系建设，出台相关法规，构建信用评级标准，明确个人信用指数与工作、生活挂钩，采取信用奖惩机制。一旦因不诚信行为纳入信用污点，就会给其的日常行为造成限制。比如，对欠钱不还的"老赖"采取信用惩戒，限制其高消费，飞机、软卧、高铁、动车一等座等不能乘坐，限制在金融机构贷款或办理信用卡，不得在全国范围内担任任何公司的法定代表人、董事、监事和高级管理人员等。

政府在打造信用社会方面下了很多功夫，也经常做相关宣传，但是普通民众对信用的意义理解并不深刻，也不当回事，社会不诚信的行为非常普遍。事实上，在现代市场经济环境下，信用对每个人都是不可或缺的，只是因我国信用体系不健全，才造成这种现象。

而共享单车骤然出现后，吸引到亿万民众的注意力，并因押金模式、乱停放、人为损坏单车等各种问题，形成一个个现象级的社会话题。各方探讨相关解决方案，拿出各种办法，其中一个最大的共识，就是认为利用"信用解锁"单车，可以终结各种行业乱象。各个共享单车平台均建起了信用机制，各地政府也要求建立信用评价制度，将用户行为与个人信用挂钩。

由于共享单车拥有海量用户，又是社会关注热点，关于其是否采用信用模式的讨论，亦成为现象级话题，引起社会公众的普遍关注，很多人第一次认识到个人信用的重要性，就是从共享单车开始的。从这个角度来讲，共享单车对于个人信用知识的大众化普及，起到了一定的推动作用。可见，共享单车成为引燃个人信用的"爆点"，将公众聚焦于个人信用与共享单车之间的联系上，引导民众认知保持良好个人信用的积极意义，进而引发对社会信用体系的关注。

而且，以共享单车为代表的共享经济快速发展，将成为社会经济发展的一个新趋势，需要社会信用体系的配合，不能让征信体系的短板成为"拦路虎"。随着共享经济规模增长、用户数量不断增多，信用评价会发挥更加重要的作用，对用户的约束力也将不断增强，形成信用溢出效应。很多领域会效仿共享单车，将其业务与信用评价挂钩，个人信用有可能成为最具社会影响力的工具。

交易双方根据信用积分，可以筛选出商家或服务对象，快速建立起信任关系，以提高交易效率，降低交易成本。用户每一次规范使用，都能不断积累信用，进而可以使用越来越多的便利服务，而违规行为则会影响自身信用，造成长久影响，甚至处处受限，寸步难行。

可见，共享单车对于推进社会信用体系建设，正在做出非常大的贡献。而如果社会整体信用指数提升，诚实守信成为社会主流的话，亦会反哺社会和经济，降低社会沟通交流成本，减少假冒伪劣商品、欺诈行为，提高社会效率，让所有人和企业从中受益。

六 | 共享思维或将颠覆千年财富观念，引爆新一轮中国奇迹

共享单车与社会共享思维

以网络约车、共享单车、共享租房、共享办公室等为代表的共享经济模式，正在不断涌现，蓬勃兴起，迅速拓展市场，并以极其鲜明的经营特征，获得公众和舆论的热切关注，也在逐步改变大众的消费认知。

按照传统观念，人们习惯于占有更多的资源，拥有更多财产，比如在交通方面，往往会买汽车、自行车用于出行，形成所谓的私有财产。此种消费模式占用大量的社会资源，实际使用频次并不高，造成家庭财富的大量过剩和闲置。

从实际使用情况来看，绝大部分家庭的汽车、自行车主要用于日常出行，比如上下班、接送孩子、郊游等。其中作为通勤工具的比例最大，导致使用频次并不高，很大一部分时间都处于闲置状态，却要面临车辆折旧、财产贬值、被偷盗等风险，同时还要承担车辆日常维修保养、购

买保险等费用。

可见,从使用价值的角度考虑,拥有私家车、自行车的意义并不大,如果能够做到即用即有、按次付费的话,就可节省更多家庭支出、盘活社会闲置资源,降低污染排放量,降低能源消耗,减少对城市土地的占用面积,这就是网络约车、共享单车的意义所在。

图14 共享单车对环境保护的贡献

资料来源:《共享单车与城市发展白皮书》

在共享单车出现之后，很多人感受到便利的同时，发现无须再购买自行车，不必为了上下班、上下学非得拥有一部单车。需要骑行的时候，在大街上就能找到，又不用担心丢失、损坏、偷盗等风险。这就打破了人们的传统财产观念，不再追求天长地久，只要曾经拥有就够了。

按照市民平均骑行频次测算，一辆共享单车一天可以服务十几人，相比家庭自行车而言，共享单车使用效率非常高，一旦推广开来，很多家庭就不需要再购买自行车，可以节省大量社会资源。而判断一个城市的共享单车容纳量能达到多少，则不能简单核算，需要根据人员流动分布、市场变化状况，通过市场竞争来自主调节数量，达到一个动态平衡的状态。

相比网络约车、共享租房等其他共享经济领域，共享单车的受众面最为广泛。因为我国本身就是自行车大国，社会存量高达数亿辆之多，而且共享单车的使用门槛很低，骑行费用低廉，谁都负担得起，也就很容易接受共享单车，进而接受共享经济模式。

共享单车的出现，让很多人感受到了共享经济带来的好处，并逐步接受共享经济。而共享单车所引发的各种问题，亦促使公众对共享经济展开讨论，反思传统观念，加深了大家对共享精神的认知，推进社会共享思维的形成。

共享思维也是一种生活方式，帮助人们改变生活模式，放下沉重的物质包袱，由重物质变为重精神。人们将不再受到物质的羁绊，按需消费，按次购买服务，费用更少，却能在一段时间内，拥有全部使用功能。从而享受更为轻松快乐的生活模式，可以在精神上释放压力，将时间与金钱投入更宝贵的领域，实现个人的精神自由。

共享思维对社会经济的影响

传统观念对财富采取独占性思维，会刺激人的欲望本能，追求拥有越来越多的财富，而欲望是无限的。对财富的无限渴求，会令很多人陷入迷失，忘记了财富的社会价值和意义，只是单纯为了占有而占有，且获得财富的成本和代价较高。如此，社会以拥有更多财富为荣，却没有认真对待财富，导致社会贫富差距悬殊，财富浪费行为非常严重。

与之不同，共享思维并不追求占有财富，倡导的是一种共享、分享商品或服务的精神，只要在个人需要的时候，能够及时使用、消费即可，更在意享受体验感、消费过程。当共享思维成为社会趋势后，就会逐步改变公众的财富观念，很多人将不再追求独占型消费，而是倾向于与他人共享、分享商品或服务，从而降低对社会资源的消耗。

如此，则会逐步改变部分人对财富的认知和态度，从占有财富转为享受使用过程。人的物质欲望会随之下降，摆脱物质财富束缚，更加追求精神财富，社会贫富差距将缩小，人也会更容易满足和快乐，并有助于提高社会和谐指数。

共享思维是在互联网思维的基础上发展起来的，有着天生的网络基因，年轻网友最容易接受共享思维，网络也助推共享思维快速传播开来，被越来越多人接受。而社会共享思维流行后，亦会反作用于共享经济，刺激更多领域诞生共享经济模式，促进共享经济发展壮大。

比如，现在各地城市停车位很紧张，市民经常面临停车难的问题，部分城市就在试点"共享停车位"，基于共享经济和"互联网+"应用思维，利用大数据信息技术，将城市闲置停车位汇总归纳，让市民通过APP就能及时查询空闲停车位，效率非常高。不仅可以提高停车位利用率，还能增加停车位业主收入，降低市民停车费用，将汽车由道路引导入闲置车位，降低城市交通系统的压力。

据国家信息中心副主任马忠玉表示，预计到2020年，共享经济规模占到GDP比重的10%，2025年将达到20%。可见，随着社会共享思维的普及，共享经济规模也会随之扩张，进入良性循环的状态。

共享经济激活社会闲置资源，将其投入社会消费，从而可以扩大供给总量，提升社会资源利用率，大大减少浪费现象，让资源得到充分利用。共享经济不仅可以独立存在，也可作为传统经济的补充，提高从业者的收入。比如网络约车司机，很多人是在兼职做，平时正常上班，业余时间接单拉客，将自家汽车闲置时间缩小，还拓宽了收入来源，虽然不多，却也是一份补充性收入，可以补贴部分家用。

共享经济还可以提升社会消费能力。由于共享经济模式基于互联网平台发生交易，可以大幅度降低交易成本，消费者无须购买全部商品功能，只要按次付费即可消费。相比之下，由于每一次的消费成本很低，很多原先无力承受的消费者，也可以产生消费行为，相应的消费能力也得以提升，从而刺激社会整体消费需求。

共享经济有利于培育新的消费增长点。共享经济模式具有分散、碎片化、个性化等特征，提供各种差异化商品或服务，能够满足不同层次的消费需求，消费者可供选择的范围增加，总的社会消费需求也随之扩大。

可见，共享经济有助于消费经济的扩张，我国面临经济转型升级的阶段，刺激社会消费乃是一大重要任务，那么鼓励发展共享经济模式，就可以成为消费经济的一大抓手。

共享思维发展面临的问题

以共享单车为代表的共享经济如火如荼，爆发出强大的生命力，市场前景非常美好，带给广大市民不同寻常的体验感，令很多人对共享经济产生兴趣。但是，目前社会整体接受能力不足，社会共享思维还在路上，还需要时间来感受和适应，所暴露出的问题也很多。

共享思维的核心是共享、分享商品或服务，消费者没有所有权，只有使用权，按次消费即可，非常简单。可这也会令商品呈现出一种特殊状态，部分人看不清楚商品的所有权属性，误以为是"无主之物"，因此产生私自占有心理，从而上演"公地悲剧"。比如在共享单车上市后，出现大量人为损坏、私占、私藏等行为，就是受到此种心理诱惑。

共享思维倡导的是包容、开放的态度。共享经济模式都是基于互联网，并与传统产业对接，利用互联网开放平台，吸收各种新技术、新模式，对传统产业链条重新塑造，创造新的商业模式，产生新的消费需求。这样就会触动部分既得利益蛋糕，特别是传统产业里的垄断者，不愿意放弃既得利益，反而想方设法阻挠，设置行业进入门槛，限制共享经济模式的发展。

共享思维打破旧有的财富所有权观念，与他人共同分享所有权、社会资源，不需要占有太多资源，崇尚少就是美、简单就是美。而千年延续下来的财富观念，则与此相悖，导致很多人一时难以接受共享思维，甚至视其为异端，极力否定、诋毁共享思维的社会价值，用各种手段限制共享经济发展。这样做，实际上是出于维护既得利益，看不懂社会未来趋势。

共享思维催生的共享经济，受到很多消费者的拥戴，却也因触动部分人的利益蛋糕，遭到人为破坏，部分人的低素质在共享经济面前暴露出来，各种无底线的事情层出不穷，进而影响到共享经济的正常发展。社会需要倡导绿色共享，要与不文明行为斗争，对违法行为说"不"，依法予以打击。

共享经济模式发展的一大难题，就是如何盈利。由于共享经济兴起时间尚短，在各方面还不成熟，处于资本投入、市场拓荒阶段，特别是商业模式还在探索，难以在短时间内找到盈利模式。这也令许多人产生疑问，质疑共享经济究竟能否盈利，到底是创新思维、创新经济，还是庞氏骗局？需要看到共享经济是新事物，不能用传统标准去衡量，就像互联网刚开始的阶段，总要给其一个验证真伪的时间和机会，给予企业充分的自由权，尊重企业和资本的决定，用时间之花来灌溉，耐心等待其结出果实。

共享思维和共享经济都是新事物，有别于传统思维和传统经济，对后者形成了一定程度的挑战和颠覆，难免会遭遇阻碍。而且，目前对于共享思维和共享经济，社会并没有做好准备，相关法律法规缺位、滞后，实际上处于法律监管的空白期，也诱发一些乱象，令公众对共享思维和共享经济产生怀疑。政府和公众不能用旧眼光去看待它们，也不应拿现行标准和法规去衡量与约束，要根据共享思维和共享经济的特征，看到其社会价值所在，结合社会实践经验，制定符合其规律的标准和法规。

参考文献

[1] 为证摩拜单车实心"胎"？无聊男子在沪路边深夜割"胎". 上海频道－人民网 http://sh.people.com.cn/n2/2016/1013/c134768-29139703.html.

[2] 男子硕士学历月薪上万　占共享单车喷漆还加儿童座. 网易新闻 http://news.163.com/17/0219/12/CDKTAG1R0001875P.html.

[3] 被抢生意泄愤？10余单车遭人纵火. http://e.thecover.cn/shtml/hxdsb/20170227/32747.shtml.

[4] 有人把济南摩拜单车骑到南部山区　还有人骑到机场. 新浪山东_新浪网 http://sd.sina.com.cn/news/2017-02-26/detail-ifyavwcv8952456.shtml？from=sd_cnxh.

[5] 成都首例盗窃破坏共享单车案判决：拘役3个月罚款1千元. 新浪四川_新浪网 http://sc.sina.com.cn/news/b/2017-02-28/detail-ifyavvsh7149170.shtml.

[6] 济南一男子酒后泄私愤将四辆共享单车投河　自首后被拘十日. 摩拜　单车　郭某　自首　酒后－社会新闻－东方网 http://news.

eastday.com/s/20170224/u1a12749373.html.

［7］西城10条大街禁停共享单车.城事＿新京报电子报 http：//epaper.bjnews.com.cn/html/2017-03/21/content_675260.htm？div=-1.

［8］北京现首例共享单车索赔案.北京青年报 http：//epaper.ynet.com/html/2017-03/20/content_242679.htm？div=-1.

［9］上海依法严禁12周岁以下孩子骑行共享单车.国内新闻＿环球网 http：//china.huanqiu.com/hot/2017-02/10111947.html.

［10］密码漏洞家长钻　儿童违规骑共享单车怎么破.深圳新闻网 http：//news.sznews.com/content/2017-03/03/content_15568364.htm.

［11］五家共享单车公司承诺押金余额可退.北京青年报 http：//epaper.ynet.com/html/2017-03/30/content_243792.htm？div=-1.

［12］《南方都市报》：深圳数千辆共享单车被收缴、锁入市政公共自行车仓库！到底惹了谁？http：//www.oeeee.com/mp/a/BAAFRD00002017022227975.html.

［13］杭州试点公共自行车"无桩停放".深e度＿新京报电子报 http：/epaper.bjnews.com.cn/html/2017-03/29/content_676305.htm？div=-1.

［14］共享单车投放扬州半天即被"没收"已同意归还.搜狐新闻 http：//news.sohu.com/20170309/n482761692.shtml.

［15］摩拜发布首部《共享单车与城市发展白皮书》.央广网 http：//news.cnr.cn/native/city/20170413/t20170413_523706556.shtml.

［16］共享单车触动黑车摩的利益遭恶意破坏.互联网头条—中关村

在线 http：//news.zol.com.cn/617/6175049.html.

［17］成都共享单车被烧案告破　嫌犯系自行车租赁从业人员.科技_腾讯网 http：//tech.qq.com/a/20170301/032563.htm？pgv_ref=aio2015_hao123news.

［18］《社会信用体系建设规划纲要（2014—2020年）》.信用中国 http：//www.creditchina.gov.cn/newsdetail/9336.

［19］"信用红利"开启城市服务新模式芝麻信用|共享单车|大数据_新浪财经_新浪网 http：//finance.sina.com.cn/roll/2017-03-29/doc-ifycsukm4053370.shtml.

［20］国家信息中心：2020年共享经济GDP占比望达10%.每经网 http：//www.nbd.com.cn/articles/2017-04-18/1095785.html.

［21］交通部：城市宜自行管理共享单车投放－北京青年报 http：//epaper.ynet.com/html/2017-05/24/content_250266.htm？div=-1

看得见的手,边界也要看得见

政府数量管制效果存疑,市场出现的问题最终将由市场解决。由于共享单车模式具有互联网创业的特征,在一定时间范围内的规模之争不可避免,这是市场竞争的必要阶段。共享单车企业最终需要靠合理的盈利模式谋得生存,那些没有市场支撑的企业终将被市场淘汰,从而达到供需平衡状态。所以,政府管理者无需对供需失衡这种能够通过市场调节的问题过分担忧,市场出现的问题最终将由市场解决。此外,对共享单车的投放进行数量管制的提议也难以落实,这是因为一方面政府并不能比企业对市场需求做出更合适的判断,另一方面由于很难做到数量管制下的公平分配,会一定程度上造成市场的不公平竞争。

一 | 共享单车做了一件政府做不好的事

城市交通发展战略中的自行车

1）曾经的自行车王国

从1860年自行车自西方传入中国，成为宫廷贵族的玩具；到20世纪70年代末中国的改革开放，自行车和缝纫机、手表一度成为年轻人结婚必备的三大件；再到80年代，"飞鸽"、"永久"是人们理想的交通工具，自行车迅速成为当时中国人最重要、最普及的代步工具。在杭州，自行车的拥有量1985年就达到人均0.75辆；在北京，1986年的自行车出行比例达到63%。1993年，我国城市自行车平均保有量达到顶峰，每百户拥有自行车197辆。整个八九十年代，自行车在城市交通中分担的比例基本在45%左右。也正是在这一时段，中国成为"自行车王国"。

图 1　1979 年北京商业区停放的自行车

图片来源：中国自行车网

2）小汽车快速进入家庭与自行车的衰退

20世纪90年代中后期，尤其是进入21世纪以来，随着我国民众物质生活的丰富以及消费观念的改变，更为舒适快捷的小汽车成为备受追捧的交通工具。在这个时期，小汽车出行代表了舒适、安全、效率和自由，发展小汽车被认为是向现代城市文明靠近一大步。与此同时，城市规划和道路规划建设与设计也逐渐呈现出以小汽车为中心的发展思路。

城市形态方面，以北京为代表，许多城市出现了郊区化、扁平化的"摊大饼"状况，城市规模不断扩大，交通环线从二环、三环发展到四环、五环。这种以城市道路为中心的城市扩张模式，导致城市居民的出行距离不断延长，自行车出行作为人力驱动出行方式，越来越不适应这种长距离的出行。

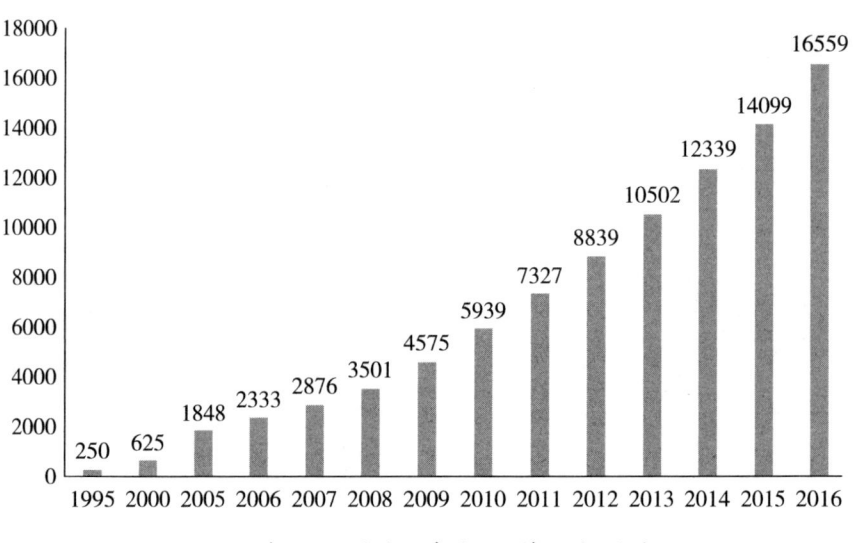

图 2 我国私人汽车保有量变化情况（万辆）

资料来源：中国统计年鉴

道路规划建设与设计方面，"以车为本"倾向非常明显。在此期间，规划建设了大量城市快速路、主干路等高等级道路，使小汽车出行越来越顺畅，马路越修越宽，速度越来越快。与此同时，将自行车看作"事故引发者"，许多城市纷纷采取了挤压或取消自行车道、在自行车道上划设机动车停车位、忽视自行车停车场所和设施等限制自行车发展的政策。例如，1993年完成的《广州市交通规划研究》提出"逐渐减少和限制自行车数量"的战略，制定了到"2010年，自行车方式比重由33.8%下降到13.3%"的规划目标。

表1 部分城市20世纪八、九十年代和进入新世纪后的自行车出行分担率变化情况

城市	2005年城镇人口数（万）	年份	自行车分担率（%）	年份	自行车分担率（%）	年份	自行车分担率（%）
上海	1128	1981	30.5	1995	41.18	2007	27.8
北京	858	1986	62.7	2000	38.5	2007	23
武汉	800	1987	35.25	1998	28.2	2008	19.2
广州	617	1984	34.05	1998	21.47	2006	14
天津	533	1981	44.54	1993	60.48	2003	47.6
南京	410	1986	44.1	1999	40.95	2007	48.28
成都	358	1987	54.53	1995	51.5	2005	36
石家庄	224	1986	57.8	1998	54.38	2000	54
徐州	154	1982	41.8	1998	50.29	2003	54.7
福州	146	1989	65.91	1999	50.96	2006	22.2
平均		80年代	47.12	90年代	43.59	00年代	34.72

资料来源：Bicycle Evolution in China: From the 1900s to the Present

在这一时期，城市自行车的保有量和使用率迅速下降。2002年，城市自行车平均保有量减至143辆/百户，而自行车在城市交通中所占比例基本在35%左右，在一些大城市已降至15%左右。1986年的北京自行车出行比例达到了62.7%，到2014年，自行车出行比例仅为12.6%。小汽车与出租车出行比例由1986年的5.3%上升至2014年的37.7%，公交与地铁出行方式由1986年的28.2%上升至2014年的48%，自行车所承担的份额大部分转移到了小汽车交通。

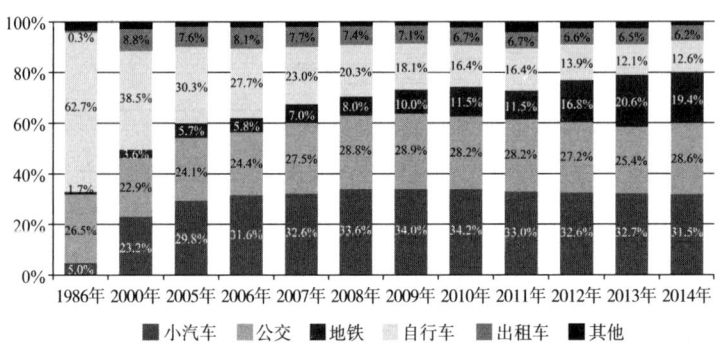

图 3　北京市历年交通出行方式构成

资料来源：2015 年北京交通发展年报

3）现代城市对自行车的审视与定位

随着小汽车走进千家万户，城市道路空间资源越发紧张，交通拥堵已成为中国城市的常态。而由小汽车尾气排放带来的雾霾之困，更是让城市管理者和城市居民不断深刻反思，城市发展小汽车交通不具有可持续性。特别是面对我国未来十几年还有 3 亿人口要转移到城镇的国情现实，许多城市尤其是特大城市开始唤起对昔日自行车文化的记忆，并重新审视自行车这一传统交通方式对于城市的意义。

图 4　2007 年北京站东街一辆自行车从大量出租车旁经过

来源：中国自行车网

以 2002 年上海市发布《上海市城市交通白皮书》为代表，一个重新审视自行车交通的政策多元化时代来临。在此白皮书中，自行车不再被视为公共交通的竞争者，而是被定义为"公共交通的补充"而纳入整个城市交通体系，自行车与公共交通的接驳与搭配开始被重视。在最新一版的《上海市城市总体规划（2016—2040）》中，面向未来，上海市提出了"逐步调整优化路权分配，建立非机动车道通道网络，逐步恢复禁行道路的非机动车通行权，提高慢行网络的连续性和功能性，完善安全通达的骑行网络"。

北京市在《北京城市总体规划 2004—2020》中首次明确了自行车交通在未来城市交通体系中仍是主要交通方式之一。《深圳市城市总体规划（2010—2020）》提出了要强化自行车系统与轨道交通线网的接驳功能，结合轨道交通线网规划建设完善的自行车交通系统网络。《广州市综合交通发展第十三个五年规划》也提出了要充分发挥自行车在中短距离出行中灵活方便的优势、充分考虑未来交通出行结构和绿色交通的发展趋势，构筑安全、连续、舒适的自行车网络，并积极探索自行车专用快速通道的可行性。

在国家层面，针对城市步行和自行车交通环境日益恶化、出行比例持续下降的实际情况，住房城乡建设部、发展改革委、财政部于 2012 年联合印发《关于加强城市步行和自行车交通系统建设的指导意见》，明确指出，自行车交通出行灵活、准时性高，在我国具有良好的发展基础，是解决中短距离出行和接驳换乘的理想交通方式，是城市综合交通不可缺少的重要组成部分。2013 年，《国务院关于加强城市基础设施的指导意见》（国发〔2013〕36 号）首次从国家层面提出要切实转变过度依赖小汽车出行的交通发展模式，加强城市自行车交通系统建设。

政府推动的公共自行车计划

为了缓解城市交通拥堵和环境污染问题,一种灵活、可达性高、健康清洁的出行方式——公共自行车系统应运而生。可以说,在共享单车兴起之前,全世界正处在一场公共自行车的运动之中。从20世纪60—70年代出现至今,公共自行车系统逐渐发展成熟。根据加州大学伯克利分校交通可持续发展研究中心(TSRC)的数据,全世界共有712个城市设有公共自行车,拥有自行车总数逾80万辆。

作为曾经的自行车王国,在对城市自行车交通的重新审视和定位下,近年来我国许多城市政府均推出了自行车复兴计划,其中,推广公共自行车计划成为城市政府推动自行车复兴的重要抓手之一。《关于加强城市步行和自行车交通系统建设的指导意见》中也特别提出"鼓励发展公共自行车系统"。

1)国外城市公共自行车发展

第一代公共自行车系统起源于1965年的荷兰,当时,阿姆斯特丹市政府购置了50辆自行车,将其漆成白色,分放在市区各处,不上锁,也没人管理,任何人都可以免费骑用,被称为"白色自行车计划"。因无任何防盗或防护设施,自行车很快就被偷窃或破坏。虽然这个计划好景不长,但公共自行车的概念开始受到关注和认可。随后,法国拉罗谢尔、英国剑桥、美国波特兰等地先后出现了类似的公共自行车系统,但也都遭到了破坏,维持时间较短。

为了进一步推广公共自行车系统并防止盗窃和破坏,第二代公共自行车系统问世。在20世纪90年代,丹麦哥本哈根等几个城市创建了正式的、颇具规模的公共自行车系统。如哥本哈根建立的"Bycyken"系统,将自行车安放在特制的车站内,使用者必须缴纳一定数额的费用才能解锁,按时归还后缴纳的钱会返还给使用者。

随着现代信息管理技术的发展,对公共自行车的管理开始实现智能化,这是公共自行车发展的第三个阶段。1998年,法国率先建设了第三代公共自行车系统,随后世界各地纷纷出现了配置有先进信息技术的公共自行车系统。

目前,绝大多数城市的公共自行车系统采用会员制管理模式,使用公共自行车的人注册会员,然后凭会员智能卡或银行卡使用公共自行车,有的甚至把注册信息写入手机SIM卡,凭手机及绑定好的个人账户就可以计时使用公共自行车,并采取阶梯式收费原则,提高了使用效率,降低了丢失可能性。

国外的公共自行车系统与公共汽车和地铁及其他轨道交通系统一样,是由政府或企业负责管理、运营的公共交通系统的组成部分。政府的支持对保证公共自行车系统的连续性和服务水平起到了关键性作用。为提倡"随用随骑、骑后速还"用车理念,巴黎规定每次用车时间在半小时之内免费。实际上,巴黎市内每隔200多米就有一个联网租赁站,大多数巴黎市民骑车车程也不会超过30分钟,这项"自行车城市"计划相当于是免费服务。在丹麦哥本哈根,市中心约有150处自行车停车点,任何人将20克郎硬币放进车链上的孔眼内,便可以使用这种公共自行车,用完再锁在任何一个存车处,取出硬币即可。在伦敦,想租赁自行车的市民用手机给服务中心发条短信,就会收到一个开锁密码,通过这个密码,用户可在市内任何一个租车停放处自行取车。据估计,自2005年5

月以来,里昂市的3000辆租赁自行车已行驶了1609万千米,这一数据相当于减少了汽车行驶所排放的3000吨二氧化碳气体;推行自行车项目以来,里昂市的机动车流量下降了4%。

图5 法国里昂的公共自行车

图片来源:中国自行车网

2)我国部分城市的公共自行车项目与成败

据《中国环境报》报道,我国城市的公共自行车发展速度非常快。2012年年底,有50多个大中城市发展公共自行车,包括北京、上海、广州、武汉、南京等;不到三年,这个数据已经翻了三倍多,到2015年3月,已经有215个市、县,开展了公共自行车项目。我国城市的公共自行车数量已超过全球其他国家总和,总计超过40万辆。

同时需要注意的是,数量第一的背后是质量和服务水平的参差不齐。部分城市发展较好,如浙江杭州的公共自行车系统被英国广播公司(BBC)旅游频道评为"全球8个提供最棒的公共自行车服务的城市之一",湖南株洲获评全世界公共自行车使用周转率最高的城市。而部分城市公共自行车"办卡难"、"还车难",被破坏"遗弃"甚至"长草"的新闻也屡见不鲜,曾推出全球最大规模公共自行车项目的湖北武汉还因项目失败上了英国金融时报的新闻。

图6 2014年全球公共自行车数量(按城市,单位:辆)

数据来源:www.bikesharingworld.com

①北京

1992年北京就出现了自行车租赁行业，在2008年奥运会期间自行车租赁开始盛行，然而经历了奥运期间的红火后，多家公司由于经营惨淡，自行车租赁行业逐渐淡出了市场，许多场地关闭或者荒废。2008年当时全国最大的网络化自行车出租服务商方舟公司从成立到巨亏1000万解散，不超过一年，其直接原因就是政府虽然态度上支持，但在政策和资金上并没有什么动作。如当时方舟想要在租车点设立广告牌，在车身喷涂广告来盈利补贴，申请多次政府也未允许。

2012年北京市启动了公共自行车系统建设项目，同年6月首批2000辆公共自行车在东城、朝阳两区投入试运营。经过4年多时间发展，目前已累计建成2588个站点、包括8.1万辆公共自行车的服务系统。但在公共自行车推广的过程中，仍然暴露出许多问题，如自行车骑行不够舒适、出行环境不理想；城市规划未给公共自行车留出很好位置，导致站点分布不够合理，停车难；坏车、故障车多；区与区之间各自为政，不能跨区还车；办卡和退押金需要前往指定地点，不够方便；各区办卡方式与要求不统一，有的区如通州甚至出现一卡难求，限制办卡数量的情况等。

欣喜的是，随着北京市政府对公共自行车项目的日益重视，上述许多问题也在不断解决之中。如2015年北京市实现了公共自行车在城六区的通存通取；非京籍办卡的条件逐步放宽，从2016年年底起不用提供工作居住证就可网上申请通州公共自行车租赁卡；北京交通委正在逐步在全市范围内推广"扫码租车"，目前昌平、平谷已经开通了手机扫码租车等。

图7 城区（上图，橙色）与通州区（下图，绿色）的公租自行车颜色不相同，因为未统一租车卡，无法实现跨区域租还车

图片来源：《北京青年报》

②广州

广州的公共自行车项目于2010年6月22日启动投入，其目的是作为当时广州首条BRT的配套工程进行使用。也正在2010年，地铁沿线公共自行车、大学城公共自行车相继开始运营。截至2015年，中山大道

看得见的手，边界也要看得见 ┃ 155

BRT沿线的公共自行车系统共有116个网点，投入公共自行车8850辆。

广州公共自行车项目的主要问题有以下几点。一是公共自行车站点覆盖不足。主要站点均设置在公交站点附近，无法真正解决"最后一公里"问题。二是不同公司不能实现租车通租通还。公共自行车系统的三家运营单位，分别为广州公共自行车运营管理有限公司（主要在中山大道BRT沿线布局）、广州锐途自行车租赁有限公司（目前已放弃经营）、大学城一卡通公司（主要在大学城布局），各自经营，分别采用不同的运营管理系统及收费标准，不能相互兼容。三是广州市自行车设施短板严重。根据广州市交通规划研究院调查，广州越秀和荔湾约有35%的主次干路及重要的支路没有自行车道，而有自行车道的道路中，45%的车道宽度不足一米。

2015年9月，《广州市公共自行车系统管理办法》明确提出，公共自行车系统的前期建设及设备购置费用由市、区两级财政出资，并规定了自行车道的规划与建设要求。计划2016年实现投入3万辆公共自行车，逐步构建形成先进、现代、绿色和具有广州特色的公共自行车系统。

图8　华南理工大学大学城校区附近的一处公共自行车站场

图片来源：人民网

③武汉

武汉公共自行车系统于 2009 年开始运营，采用的是由政府引导、企业运营的模式。由鑫飞达公司负责建设及运营，政府在服务点建设时给予运营公司一定的补贴，免费提供自行车服务点的场地，并提供一定数量的户外高层建筑的广告位，后期运营主要依靠系统的广告收入。武汉公共自行车的规模从 2008 年的 5 万辆扩张至 2014 年的 9 万辆，成为当时世界上最大规模的公共自行车项目。但武汉公共自行车，在 2014 年却陷入了许多站点荒废、车辆损毁严重、市民租车难的困境。2015 年，由武汉环投公共自行车服务有限公司全权负责武汉市公共自行车项目的恢复运营工作。

究其背后，政府监管的缺失是项目失败的最根本原因。为支持公共自行车项目实施，武汉城管部门免费批给鑫飞达公司 20 多块户外大屏和全部站点的广告牌，并给予高额运营补贴，至 2014 年累计投入折合达 3 亿元。但事实上，鑫飞达公司将用于公共自行车发展方面的政府资源用到其他业务，经营重点转向了房地产、广告传媒等领域，并利用公用自行车站亭开起了小卖部。其间，当武汉公共自行车大量站点被用于外包经营时，政府主管部门却不掌握公司经营状况；当有媒体曝光如自行车投放数量不足、租车站点布局不合理、工作人员服务态度差及车辆维护不及时等问题时，政府主管部门也没有采取措施督促企业整改，或者中止合同停止投入。

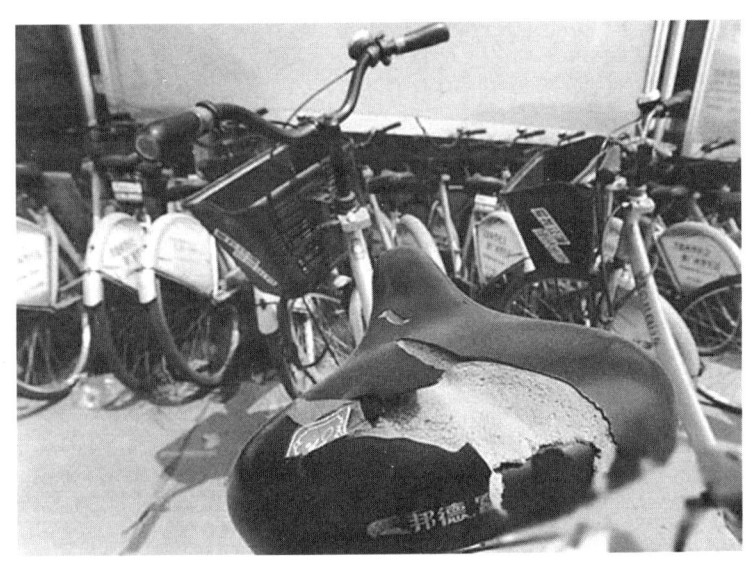

图9 由于管理不到位导致的一处废弃武汉公共自行车停车点

图片来源：网络

④杭州

杭州市公共自行车交通服务系统于2008年5月1日试运营，同年9月16日正式运营，截至2016年年底，已具有3737个服务点，8.68万辆公共自行车，日最高租用量达47.30万余人次，累计租用量突破7.37亿人次，免费使用率超过96%（租用量数据不包含富阳区）。由于其便捷、经济、安全、共享的特征，以及"自助操作、智能管理、通租通还、押金保证、超时收费、实时结算"的运作方式，公共自行车已经成为杭州中外游客和市民出行必不可少的城市交通工具，杭州"五位一体"城市公共交通体系的重要组成部分。

图 10 来杭州参加 G20 峰会的阿根廷总统马克里骑公共自行车

图片来源：杭州公共自行车网站

杭州公共自行车系统之所以能取得如此成功，甚至成为一些国外城市学习的范例，主要有三方面经验可借鉴。一是政府主导。杭州市政府将公共自行车定位为城市"最后一公里"的公交配套措施，出台系列政策措施支持公共自行车系统的建设运营，以保证执行效率最大化和公共自行车系统的公益性，如由政府投入资金用于硬件配套、系统开发、基础设施建设，免费提供土地和其他商业资源，而后续的建设、运营和维护也由政府与运营公司共同解决。二是企业运营。启动项目时，杭州市政府曾考虑过由城市管理部门或纯企业性质的公共自行车商务租赁商运营公共自行车系统，但最终决定由有公共交通运营经验的公交集团负责（杭州市公共自行车交通服务发展有限公司是杭州公交集团下属的一家全资子公司），而公交集团对于交通的规划、建设、运营有着丰富经验。在前期设备建设上，杭州公交集团依靠政府补贴；后期运营中，依靠广告资源和模式输出，基本能做到自负盈亏。三是社会监督。杭州市政府要求运营公司每月对公共自行车的运营、维护情况进行报告，强化政府监督。此外，还鼓励社会各界积极参与公共自行车服务系统建设，如站点的选择方式是"四结合一公示"，即由城管、交警、公交和街道社区四部门共同选点，基本选定的服务点需在杭州各大媒体公示七天，无异议才能施工。

⑤株洲

株洲公共自行车系统于2011年5月开通，是继杭州和广州之后第三批投入运营的城市，目前有1058个租赁站点和20000辆自行车，实行"定时免费、超时收费"的管理政策，使用3小时以内免费。开通短短两年的时间，便凭借日均近17万次的使用量，周转量高达12次/天/辆，成为当前国内公共自行车使用周转率之最，且被BBC评为全世界公共自行车使用周转率最高的城市，形成独具特色的"株洲模式"。

株洲公共自行车系统取得成功主要有以下三方面原因。一是政府主导的株洲模式使公共自行车系统在城市中能够得到迅速扩张。株洲市公共自行车系统实行"政府主导、市场运作、企业管理"模式，前期建设由政府全额投资、后期的运营管理实行市场化。建设和运营成本全部纳入政府公共财政预算，除了第一期建设投入共1.2亿元外，第一年由市财政暂定投入850万元的运营费，之后逐年递增。二是广泛的公众参与。系统在规划初期就通过发放调查问卷、街区宣传等方式，了解群众的需求导向，发动社区工作人员提供公共自行车站点需求信息。同时，通过各种宣传渠道公布意见箱及接待窗口，广泛征求市民意见，按需求进一步完善租赁点布局。三是适宜的骑行环境。株洲市中心城区面积不大，市民的平均出行距离十分适合自行车这种交通方式，这是株洲公共自行车周转率高的一个重要因素。此外，株洲市确保了所有主次干道及重要支路均有自行车道，同时沿江、沿湖等风景怡人区还设置了自行车专用道，形成了层级分明、相互渗透的自行车道路网，为自行车提供了良好的出行环境。

图 11 一名株洲市民骑着自行车行进在自行车专用通道上

图片来源：新华网

从对各公共自行车项目的分析可以看出，各城市公共自行车计划不成功的原因是多方面的，北京的问题主要是车辆与系统自身不够便捷，广州的问题主要是政府投入不足和自行车骑行环境不佳，武汉的主要问题是政府监管不到位。但成功的公共自行车项目都是相似的，如杭州和株洲，都离不开政府的有力支持、企业的专业化运营和广大公众的普遍参与。这些经验和教训对于城市政府如何看待和管理共享单车问题也有着实际的借鉴意义。

共享单车的兴起推动自行车复兴

1）2016 年以来刮起的共享单车风

如同滴滴、优步等网约车给传统出租车行业带来的变革一样，在当今这个互联网创业的高峰时期，共享单车的出现，也使公共自行车领域看到了转型升级的机遇。2016 年下半年，随着资本市场的强势进入，企业快速扩张，我国共享单车市场呈现爆发式发展，ofo、摩拜、小鸣单车、优拜、骑呗等众多共享单车企业纷纷在各大城市展开布局，抢占市场，掀起异常火爆的"彩虹大战"。

其中，ofo 由四名北京大学学生于 2014 年共同创立，2015 年 9 月，ofo 以北京大学为起点，正式开启共享单车服务。截至 2016 年 10 月，ofo 已覆盖全国 22 座城市的 200 多所高校，累计为广大高校师生提供超过 4000 万次共享单车出行服务。2016 年 11 月，ofo 开启城市服务，截至 2017 年 1 月，已覆盖北京、上海、广州、深圳、成都、厦门、昆明、合肥、武汉、长沙、南京等 35 个城市，累计投放单车超 80 万辆。

2015 年 1 月，北京摩拜科技有限公司成立。2016 年 4 月，摩拜单车在上海试运营。在此后不到一年的时间里，摩拜单车已进驻北京、上海、广州、深圳、成都、南京等 33 个城市，其中北、上、广、深、成五座城市车辆规模均已超过 10 万辆。据国内第三方数据机构艾瑞咨询发布的最新数据显示，2017 年 2 月摩拜单车的周活跃用户量已突破 700 万人。

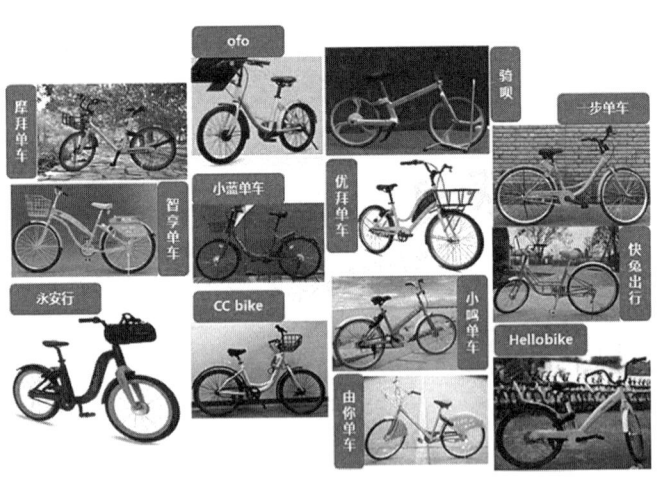

图 12 2016 年有近 30 家共享单车品牌"汹涌入局"

图片来源：易观公众号

2）共享单车的特点与本质

在互联网创业浪潮中出现的共享单车这一全新出行模式，具有其鲜明的特征和特有的规律性。

第一，共享单车新模式以其便捷高效赢得用户认可。共享单车推出以来之所以迅速得到社会公众的青睐，就是因为它解决了传统公共自行车的痛点，方便、快捷特征明显。归结起来，主要有两方面。一是首创无桩取还车模式，极大提高了用户使用的灵活性、便利性。共享单车可以被停放在所有合法的自行车停车区，几乎可以实现出租车式的"门到门"服务，对骑行用户来说十分方便。二是操作全程互联网化，大幅简化手续，体验感突出。用户不再需要到指定地点办理实体卡，可以通过手机 APP 实现在线注册、查询车辆位置、预约车辆、解锁车辆、支付租金、存退押金等一系列操作，最大程度地简化了使用共享单车的各项手续。

图 13　摩拜单车的电子锁只需扫描二维码即可在 5~10 秒内解锁

图片来源：网络

第二，共享单车具有典型的互联网创业特征。共享单车不同于以往政府主导的公共自行车计划，它的推出颠覆了传统行业的一般发展规律，鲶鱼效应明显。一是市场升温迅速。一旦共享单车被确定为市场的方向，就有大量投资人迅速进入此行业，为行业的迅速扩张提供资本基础，如ofo、摩拜单车在短短一年多时间内就完成了数轮数亿美元的融资。行业内短时间出现近30家共享单车企业，就是互联网创业推动市场"混战"的表现。二是规模效应突出。互联网企业经营的关键是规模经济，对于互联网平台企业而言，用户数量至关重要。吸引更多的用户，自然成为共享单车企业的争夺焦点。如截至2015年年底，上海共投放公共自行车27812辆，但随着以摩拜为代表的互联网租车企业的介入，短短几个月，仅摩拜和ofo这两家公司投入的自行车就已接近15万辆，预计2017年上半年共享单车总数可达50万辆，扩张速度远远超过公共自行车。三是竞争十分激烈。相比对于盈利模式的关注而言，共享单车企业在初期更注重用户数的培育，以致在产品质量、体验提升、免押金和价格优惠等方面"各显神通"，为的就是吸引更多潜在用户加入。特别是和之前网约车进行的"烧钱大战"一样，共享单车企业竞争的核心也体现在价格上，在原本收费就不高的情况下，各种充值优惠、骑行免费甚至现金奖励等活动层出不穷。

第三，共享单车是提供自行车分时租赁经营服务的一种独特模式。一是共享单车本质上为自行车分时租赁。共享单车虽与传统的自行车租赁一样，与狭义上理解的提高闲置资源利用效率的共享本质有所区别，但其利用现代信息技术实现了自行车租凭的自助化与实时性，显著地提高了自行车租赁的周转率和使用效率，是一种高效的资源配置方式，可以认为是传统自行车分时租赁在互联网背景下的"升级版"。二是共享单车具有企业的逐利性。共享单车企业作为开放市场的产物，需要通过积累大规模的用户数从而形成规模效应，其前期投入的成本最终还是要通过从市场上获取利润的方式进行偿还，目前共享单车接近免费的使用模式不可持续。由于郊区用户的规模性不足，共享单车企业争夺市场的区域往往仅限于城市中心城区，也是其考虑成本效益比的一个表现。三是共享单车具有分享经济的特征。根据国家发展改革委2017年2月发布的《分享经济发展指南（征求意见稿）》，分享经济主要是指利用网络信息技术，通过互联网平台将分散资源进行优化配置，提高资源利用效率的一种新型经济形态，而共享单车同网约车、拼车等其他"互联网+"交通模式一样，符合这一特征。

3）共享单车对自行车复兴的助推作用

正如前面所述，共享单车出现的意义不仅仅在于打开了城市交通自行车领域的市场，更大程度上能够使自行车这一传统交通方式重新回归政府和公众视野，使其能够重新发挥应当承担的重要作用。可以说，共享单车的出现，为我国城市推动自行车复兴创造了绝佳的历史机遇。

首先，共享单车从观念和理念上改变了公众对自行车骑行的认知。一段时期以来，小汽车已成为人们出行的身份象征，而骑自行车往往因为意味着寒酸和邋遢而遭到排斥，但随着城市中"小橙车"、"小黄车"越来越多地出现，人们发现骑行不但没有不光彩，而且是很时髦的一件事。此外，共享单车在短距离出行、"门到门"出行、接驳公共交通出行上具有优势，且租借手续十分便捷，能够在减少机动化出行的同时给人们的出行带来实实在在的便利，使得人们对于绿色出行理念的贯彻不仅停留在口头上，而且可以随时随地、灵活机动地体现在实际行动中。

图 14　杭州公共自行车服务系统第一次在国家碳交易平台上完成自愿减排交易

图片来源：杭州公共自行车网站

其次，共享单车的普及将进一步推动政府更好地改善骑行环境。共享单车在给城市居民带来便利性的同时，也暴露和产生了很多问题，给城市规划和管理带来了挑战。自行车道严重不足、停车设施不配套等城市规划的弊端逐渐显现，成为制约共享单车推广的现实障碍；自行车路权受到侵犯、使用者不爱惜车辆导致车辆损毁严重等城市管理问题突出，使共享单车成为社会矛盾的焦点。如果城市政府有意愿鼓励和积极推动共享单车的良性发展，就可以利用这一契机，系统梳理和解决共享单车在发展过程中出现的问题，为共享单车提供良好的骑行环境和社会环境，从而进一步激发潜能，推动共享单车行业可持续健康发展。

再次，共享单车为城市政府更好地推进自行车的复兴提供了全新的路径选择。此前，政府主导的公共自行车计划之所以在一些城市的推广效果不尽理想，或因为过度市场化，政府没有进行有效监管和扶持，或由于政府大包大揽，效率和效益不高。共享单车企业具有运营此类公共自行车产品的丰富经验，并且最为贴近市场，在供需匹配上拥有比政府更高的效率，政府完全可以通过与其进行合作，实现城市自行车服务的转型升级。至于既有的由政府主导的公共自行车系统，也可以在新的市场环境下主动进行适配调整，寻求与共享单车融合发展的新路径。

二 | 看不见的手拥有自我修复能力

共享单车在为城市出行提供新的解决方案、为城市居民带来更大便利性的同时，也暴露和产生了许多问题，政府、企业、公众对这些问题都十分关注，一些现象还引发了舆论的热烈讨论。

共享单车本质上是一种共享单车企业投放车辆、用户租用车辆的经营行为。由于共享单车这种经营行为具有以下三个特征，使得其引发的各类问题很容易引起社会的普遍关注。

一是经营需要占用公共资源。共享单车投放规模巨大，停车却没有固定区域，势必会占用大量公共资源，很可能会侵占步行、私人自行车、机动车等其他公共道路资源使用者的利益，对城市交通秩序乃至城市居民正常工作生活产生影响。

二是经营涉及用户安全。共享单车作为一种交通出行服务，首先要保证的就是用户的骑行安全，避免因为共享单车自身质量等原因，导致交通安全事故的发生。此外，用户使用共享单车的过程中，还涉及信息、资金等方面的安全问题。

三是经营需要良好的社会环境。共享单车的一大特点就是服务的全程自助化，但也正由于正常的经营不需要人工参与管理，作为企业私有财产的共享单车很容易被不良使用甚至遭到非法破坏。只有保证公平的市场竞争环境和良好的社会公德秩序，企业的正常经营才能不受干扰。

围绕这些特征，本章选择对共享单车涉及的若干热点问题进行分析，使各相关方能够更好地认识和理解这些问题和现象，并从中界定政府应当承担的相应责任。

占用公共资源的经营行为

1）如何看待企业大规模投放问题

自 2016 年年底以来，各大城市正在上演共享单车的投放大战，投放车辆大量占据公共道路的现象时有发生。一些媒体和网络论坛纷纷发表文章，如上海的新闻晨报的《共享单车的投放，什么时候是个头》等，质疑共享单车是否已经泛滥成灾。2017 年 3 月，上海市黄浦区扣留了近 5000 辆共享单车，理由就是共享单车的数量已远远超过黄浦区的负荷量，打破了原有的道路自行车停放和管理秩序，严重影响了城市正常秩序。另据媒体报道，在北京市车道沟地铁站、八王坟东公交车站等地点，共享单车的大规模投放严重影响了行人的正常通行和公交车辆的运行，市民对此反应强烈。据此，一些专家和政府管理者建议，应对共享单车的投放规模进行数量管制，避免共享单车盲目无序地扩张。

图15 上海市黄浦区制造局路停车场扣留的大量共享单车

图片来源：视觉中国

图16 北京市海淀区车道沟地铁站附近人行道上停满了共享单车

图片来源：视觉中国

图 17　北京八王坟东公交车站共享单车占据了站台、人行道和行车道，严重影响公交进出站

图片来源：视觉中国

对此问题，首先应该认识到，大规模投放布局是行业特性所致。共享单车具有规模效应，只有达到一定规模且规模越大，用户的使用才会越便利，从而获取更多的用户资源。当前各家共享单车企业正处于"跑马圈地"的白热化竞争时期，企业的市场占有率决定着其下一步的生死存亡，谁都不愿意在这种原则性问题上让步。越是城市居民的聚集区，就越是共享单车企业争夺的战场，大规模投放布局是市场机制使然。而由于各共享单车企业各自独立、彼此之间缺乏信息分享，运力投放也难免呈现一定的盲目性，使得部分地区的投放量与承载量出现失衡。

其次，供大于求目前更多地表现为局部而非整体性问题。根据一些第三方数据机构对共享单车市场的调研结果来看，共享单车正越来越受到城市居民的欢迎，各大共享单车企业的周活跃用户数和日均周转率均在不断提升，这说明目前共享单车从整体上看并没有出现供求严重失衡的问题。以北京市为例，2100万人口中若每3~5人有用车需求且每辆车每天被使用10次，那么北京实际上对共享单车的需求可达40~70万辆，出行高峰对共享单车的需求可能更高，而截至2017年2月底，北京市场上的共享单车总数在20万辆左右。但由于新闻媒体的敏感性，共享单车在一些局部地点出现的无序投放现象很容易被捕捉和放大，成为公众关注和议论的焦点。

再次，政府数量管制效果存疑，市场出现的问题最终将由市场解决。上文已经提到，由于共享单车模式具有互联网创业的特征，在一定时间范围内的规模之争不可避免，这是市场竞争的必要阶段。但也需要意识到，共享单车企业最终需要靠合理的盈利模式谋得生存，那些没有市场支撑的企业终将被市场所淘汰，从而最终达到供需平衡的状态。所以，政府管理者无须对供需失衡这种能够通过市场调节的问题过分担忧，市场出现的问题最终将由市场解决。此外，对共享单车的投放进行数量管制的提议也难以落实，这是因为一方面政府并不能比企业对市场需求做出更合适的判断，另一方面由于很难做到数量管制下的公平分配，会在一定程度上造成市场的不公平竞争。

根据《指导意见》，要引导有序投放车辆，保障行业健康有序发展和安全稳定运行。因此，在对待企业大规模投放这个问题上，政府的首要责任是在充分满足共享单车停车需求的前提下，加强对共享单车投放秩序的管理。出于避免社会资源浪费的考虑，政府可鼓励企业间加强信息共享，积极引导企业根据情况适量投放车辆。而负责投放车辆的共享单车企业，更应该遵守城市交通管理的相关规定，自觉履行行业公约，有序投放车辆。

2）如何看待使用者乱停乱放问题

关于共享单车停放问题，ofo 在使用指南中介绍："无固定停车点，可随时取用。结束使用后停放在道路两旁的安全区域。"摩拜单车平台则提示应停放在"路边白线或停车架，或不影响交通的单车聚集区"。但现实中，不少用户在实际体验完单车之后，停车位置的选择却"任性"随意，有的停在绿化带草丛里，影响市容市貌；有的停在马路中央或人行道上，阻碍交通；有的停进小区或楼道，方便个人取用。

图 18　停在人行横道上的共享单车

图片来源：网络

对共享单车使用者乱停乱放的问题，应该认识到以下几点。一是用户的文明素质不高、守法观念不强，往往倾向于追求最大的便利性，即哪里离目的地最近，就希望将车停到哪里。二是对乱停车行为缺乏有效的约束。共享单车模式的一个特点就是将所有权和使用权相分离，用户在完成用车后，"车不是我的"，让交警遭遇违法处罚难的尴尬；"违法不是我",则让企业面临着"替人背锅"的难题。此外,虽然各共享单车企业在使用说明中均对用户的停放行为进行了约束,但由于目前的技术手段还不足以实现对用户停车合法性的甄别,也使用户的乱停车行为缺少了约束。三是部分地区停车设施不到位,导致用户无处可停。我国的城市交通规划长期忽视了自行车设施的建设,一些用户到达目的地后发现没有合法的停车地点,或者车位数量不足,或者到达合法停车区缺乏必要的路线指引,使得用户不得不违法停车。

因此,在对待使用者乱停乱放这个问题上,政府的责任主要是为共享单车提供充足的、便利的停放条件,加强对规范停放的宣传教育和对违法停放行为的惩治,同时支持、配合共享单车企业通过基础设施数字化等技术手段提高对用户停放行为的甄别能力。共享单车企业应建立车辆维护队伍,配合政府管理部门及时将车辆挪至合法停车区,同时完善自身系统,通过建立用户信用评价制度、发动用户相互监督等手段,加强对用户停放行为的约束。共享单车的使用者更应该从自身做起,遵守城市交通管理相关法律法规,做规范停放的好榜样。

3)如何看待"占道经营"问题

共享单车诞生以来,在各地均与城管部门执法产生了冲突,理由均为"占道经营",影响市容。2016年11月,成都天府新区华阳街道办事处城市管理办公室依据《成都市市容和环境卫生管理条例》"禁止占用城市道路开展经营活动"的规定,对辖区内100余辆"占道经营"的共享单车进行了清理;2017年1月,天津市西青区李七庄街卫津南路两侧几乎所有的共享单车集中停放区周围都被当地城管队贴上了通告,通告显示根据《天津市市容和环境卫生管理条例》的有关规定,要求相对人于3日内到城管队接受调查,逾期将视为无主物处理。

图 19 成都市城管收缴的共享单车

图片来源：中国新闻网

图 20 天津市城管队在共享单车集中停放区贴上了通告

图片来源：天津网

但是，共享单车是否真的属于"占道经营"？

首先，共享单车虽然是一种企业经营行为，但其具有一定的公共性，能够为广大公众提供公共服务，且为各城市政府大力鼓励的绿色出行方式，也是城市公共服务的范畴，政府有责任为包括共享单车在内的自行车提供良好的停放条件，就如政府应为传统公共自行车、公共交通乃至出租车等公共服务提供良好的道路环境和停放条件一样。

其次，从共享单车的服务特征上看，它是一种交通活动，其运行均需要依托相应的道路资源进行，并与道路资源密不可分。可以说，没有道路资源，就不存在共享单车这种经营服务。因此，不能简单将共享单车视为"占道经营"，也不应该按照占道经营进行"一刀切"式的管理。从国家层面的法规上看，《道路交通安全法》也只规定："未经许可，任何单位和个人不得占用道路从事非交通活动。"

但也要看到，虽然从国家到地方各级政府都对共享单车这一新模式表达了支持和鼓励的态度，但由于新事物的发展需要一个过程，对其完善规范管理也需要一个过程，目前大部分城市政府还处于观察期，或者正在研究规范共享单车发展的政策措施。但也正由于当前共享单车仍处于城市管理的"真空区"，因而目前仍以部门分割管理为主，如一些地方的城市管理部门依据现有规定把共享单车列为非法占道经营进行清理，从而导致了一些矛盾的出现。

因此，在对待"占道经营"这个问题上，政府的首要责任应当是明确表达对共享单车支持和鼓励的态度，并且尽快出台相应的管理规定，明确城市管理部门在共享单车规范管理方面的职责，做好管理与服务；共享单车企业应遵守城市管理有关规定，确保车辆投放与车辆停放不对城市正常秩序产生影响。

潜在的各种安全问题

由于共享单车的便利性和极低的使用门槛,可以集聚很大的用户规模。有研究预计到2017年年底,共享单车市场用户规模将达到5000万。而一旦共享单车出现任何形式的安全问题,将给用户切身利益带来负面影响,严重时甚至影响社会和谐稳定。共享单车主要涉及骑行安全、信息安全、资金安全和诈骗陷阱等安全问题。

1)如何看待骑行安全问题

由共享单车引发的骑行事故往往引起媒体关注和社会讨论。据媒体报道,2016年12月13日晚,成都市民李浩在回家途中,骑着的摩拜单车突然滑倒,摔在地上,右小腿发生骨折;2017年2月15日,厦门市叶女士因ofo单车刹车失灵,在下坡时重重摔在地上,导致鼻骨骨折和右眼球挫伤,缝了十几针;2017年3月26日,在上海天潼路浙江北路路口,一名骑着ofo共享单车的10岁左右男孩被一辆大客车碾压,后经送往医院抢救不治身亡。

对于骑行安全问题,首先应认识到,共享单车的使用者行为不当是造成事故的一个重要原因。骑行人是共享单车的唯一操作主体,其理应对骑行安全承担主体责任,包括骑行前对车辆基本性能的检查、骑行过程中遵守相关交通法规等。但是,同乱停乱放现象一样,由于缺少约束和法制观念不强,一些使用者长期养成了闯红灯、超速骑行、逆向骑行、载人骑行等不良骑行习惯,不仅给自身的骑行安全带来了隐患,还严重威胁到他人的交通安全。另外,由于学校和家庭教育缺失,一些不符合

《交通安全法实施条例》对驾驶自行车须年满12周岁的年龄要求的儿童也将骑行共享单车作为日常的出行工具,加之共享单车企业对年龄要求的审核和实名制的执行尚不够严格,没有有效的防范机制,使儿童从一开始骑行便埋下了安全隐患。

其次,机动车违法通行或占据自行车道停车、城市自行车道和相关基础设施设计缺陷或维护保养不及时,甚至一些天气原因等骑行的外部环境问题,也可能对共享单车的骑行安全产生影响,特别是机动车侵占自行车路权的行为较为普遍,给自行车出行带来了较大安全隐患。

图21 温州市人民西路自行车道被违法停车占用,"机非混行"安全隐患突出

图片来源:温州网

当然,自行车质量的好坏也会直接影响使用者的骑行安全。当前,共享单车企业处于规模扩张阶段,为了增强市场竞争力,各企业正在努力压缩生产成本,扩大单车生产规模,比如,据外界估算摩拜单车的第

一代车成本约3000元，第二代车成本1000元左右，而ofo的成本仅为300元，共享单车的质量能否得到保证不得而知。与此同时，共享单车企业倡导"无人化管理"，在硬件上实行"免维护"，导致无序管理、无人维保、旧车无人回收等现象突出。例如，ofo在厦门投放了8万辆共享单车，但只有150个巡查人员，每天针对几个重点投放区域巡查故障车，平均每个巡查人员要负责533辆车，运营人员配比严重不足。正是由于共享单车企业的安全责任没有很好落实，目前市面上的有些单车已经出现焊接粗劣、掉脚蹬子、刹车不灵、滑轮等问题。

在界定安全责任时，也应根据事故发生的事实依据进行认定。若是由于骑行者行为不当造成的，其自身应承担主要责任；若是由于城市道路造成的，作为道路供应方的政府应承担主要责任；若是机动车造成的，机动车驾驶员应承担主要责任。当然，若事故确定是由共享单车车辆故障造成的，共享单车企业也必须承担相应责任。

而在保障共享单车骑行安全时，政府、企业、使用者也应该各司其职。政府的主要责任在于明确共享单车产品质量标准，加强对车辆质量安全的监管；并加大对各种交通违法行为的惩治和对交通安全的宣传教育，保证良好的城市交通运行秩序。共享单车企业应将保障车辆质量安全作为立足市场的第一要务，设立维保队伍，能够保证车辆良好状况；同时通过建立有效的防范机制等，尽可能避免不适合骑行的用户使用共享单车。对确属产品缺陷导致的事故，勇于承担相应责任并举一反三，不断提高安全服务水平；共享单车使用者应从对自己和他人安全负责的角度出发，在骑行前认真检查车辆性能，确保使用各项功能正常的车辆，骑行时遵守相关法律法规，文明骑行。

2）如何看待信息安全问题

用户下载共享单车APP后需要输入个人的真实姓名、身份证号信息，开锁、骑行和结束时需要使用定位功能，支付需要绑定微信、支付宝或银行卡，使得用户的个人信息、位置信息、金融信息及日常活动轨迹和行为习惯等信息被共享单车企业获取。如果这些用户信息管理不善，会使用户的隐私信息面临着泄露的风险。而这些隐私信息一旦被泄露，会被不法分子用于广告信息骚扰、违法信息传播、电话诈骗、盗取网银等违法犯罪活动，使用户遭受精神伤害和财产损失。这种信息安全是所有互联网新业态的普遍问题。

对信息安全问题，应该首先分析可能出现安全风险的情形。其中一种情形是被共享单车企业或个人通过行业交换或非法倒卖等方式提供给相关方，从中谋取商业利益或个人利益。共享单车企业掌握大量用户信息，这些信息对于相关企业来说具有很高的商业价值，如广告公司可以给经常出现在某地的用户定点推送广告等。另一种情形是共享单车系统遭受病毒攻击，被第三方非法获取。根据近期一家移动安全服务商（几维安全）对10款热门共享单车APP进行的专业安全检测结果显示，共享单车APP的安全性都很低，无主动防护措施，极易遭受木马病毒攻击，导致交易风险和敏感信息泄露。

根据交通部发布的《指导意见》要求，要加强网络和信息安全保护。因此，为了保障用户信息安全，政府的主要责任在于对共享单车企业信息采集行为和交易行为的规范，企业采集的用户信息不得超越提供共享单车服务所必需的范围，企业用于商业利益开发的用户信息必须经过脱密处理等。同样，政府出于公共利益的需要调取共享单车企业的相关数据时，也应注重用户信息的严格保密；共享单车企业应建立用户信息的安全防护系统，提高安全防护等级，对内严禁企业员工随意调用，对外设置防火墙，避免木马病毒等外部攻击造成信息泄露。

3）如何看待资金安全问题

用户在使用共享单车时，一般需要缴纳押金和预存用车款，这将使数以亿计的资金掌握在共享单车企业手中。例如，按照摩拜单车的周活跃用户数近700万人和每个用户299元的押金计算，仅在摩拜单车沉淀的押金额度就超过20亿元，并且这个数字还在快速增长中。最近，一些用户遇到了申请押金和余额退款迟迟不能到账的问题，加大了社会对资金安全的担忧。2017年2月，卡拉单车团队因单车丢失率、失踪率和损坏率远超当初的预估，遭投资人撤资，随后，投资人将公司账目上的部分用户押金划走，撤走了财务和客服，导致部分用户的押金未能及时退还。此外，部分用户还遭遇了共享单车APP故障扣费的情况。例如，天津市民李女士2017年2月4日在使用完共享单车50多分钟后结束行程并付款，但隔天后发现单车软件仍在持续计时和计费，预计扣费金额高达正常使用的数十倍，无法结束。这些押金和预存用车款目前仍然处于监管空白地带，没有明确的监管归属和政策，也很难掌握资金的用途，资金安全存在极大隐患，一旦企业经营不善，或者被挪用来发展业务，甚至恶意套取资金，便会引发经济风险和社会稳定。

对资金安全尤其是押金问题，应该从两方面进行认识。

一方面，共享单车企业收取押金具有一定合理性。共享单车是企业的私有财产，用户以极低的价格租用，押金可以作为担保，保障企业利益不受损害。《民法通则》也规定："当事人一方在法律规定的范围内可以向对方给付定金。债务人履行债务后，定金应当抵作价款或者收回。给付定金的一方不履行债务的，无权要求返还定金；接受定金的一方不履行债务的,应当双倍返还定金。"

另一方面,从诚信履约的角度来看,共享单车企业不应人为拖延退还资金时间。用户使用完共享单车后,即租赁服务合同完成,押金应当自动退还。但多数共享单车企业却需要用户申请才能退还,而且部分企业还设置了二至七个工作日的时间延迟,显然有人为制造押金退还障碍的嫌疑。对于账户余额,往往还需要联系企业的客服人员才能退还,而实际上,由于在客户服务端投入力量不足,共享单车企业的客服电话往往无法接通,使用户对资金等安全问题产生更深的担忧。2017年3月7日,由于通过登记的住所或者经营场所无法取得联系,北京摩拜科技有限公司曾被列入国家企业信用信息公示系统的"经营异常名录",但目前已恢复正常。

根据《指导意见》要求,应加强用户资金安全资管。因此,为保障广大用户的资金安全,从政府的角度来说,应尽快制定相应的资金监管办法,建立与第三方金融机构的共同监管机制,防止企业套现跑路的情况发生。同时制定相关资金服务标准,对企业退还押金的服务行为进行约束,确保押金能够及时返还。至于是否需要制定沉淀资金的使用规则,如必须避免进行高风险投资,则可视具体情况而定,毕竟只要企业能够满足用户即时的退款要求,在此基础上如果能够利用沉淀资金多获取一些收益,未尝不是一件好事。对于共享单车企业而言,则不应过分关注于押金盈利模式,而应尽快完善系统对资金的保护功能,并及时响应客户需求,建立押金和预存车款即用即退机制,或与相应信用机构合作,积极探索免押金模式,提高企业经营管理效率和服务水平。

4)如何看待诈骗陷阱问题

最近,全国接连发生几起共享单车被贴虚假二维码的诈骗事件,用户手机扫描此类二维码后，或被要求直接转账，或被要求下载可疑软件，致使用户面临安全风险。根据360互联网安全中心监测，目前利用共享单车进行诈骗主要有三种形式。一是单车贴上收款二维码。在正规二维码旁边或直接破坏单车原有二维码，直接粘贴骗子收款的二维码。二是钓鱼网站骗信息。通过制作高仿共享单车官方网站的钓鱼页面，以完善身份认证等名义诱骗用户主动填写个人身份信息和银行卡资料，从而进一步实施诈骗。三是植入木马病毒。假租车APP二维码粘贴在单车上，提示用户"更新"，用户扫码后看似安装了租车软件，其实手机却被植入了木马，致使用户手机里的个人信息被盗。

诈骗本身是个社会问题，不是共享单车所独有的，但共享单车之所以成为许多不法分子的诈骗工具，主要是以下几方面原因。一是共享单车的使用方法与新型互联网诈骗方式相契合。随着移动互联网技术的发展，网络诈骗的手法日益增多，隐蔽性也越来越强，往往通过扫描一个二维码，就能完成诈骗。而多数共享单车的使用，正需要扫描二维码，不法分子只要粘贴虚假二维码，就能实施诈骗。二是共享单车的规模效应有助于提高诈骗成功率。诈骗成功的关键在于基数，基数越大，可能上当的人就越多，共享单车规模庞大、使用率高，正好为不法分子提供了这样一个诈骗的载体。三是共享单车用户防范意识弱。共享单车是人们日常使用的代步工具，其特点就是机动性强，在这种便利之下，人们很少对共享单车这一熟悉的事物产生警觉，不知不觉就可能落入诈骗陷阱的圈套。另外，部分第一次使用共享单车的新用户，由于不熟悉正常的操作规程，也很容易落入诈骗陷阱的圈套。

因此，对于共享单车企业而言，应加强对单车的日常维护管理，及时发现和处置被不法分子利用的车辆，并积极探索通过技术手段加强单车的防破坏设计，改进租车操作流程，不给犯罪分子可乘之机。企业还应积极向用户宣传正确的操作流程，提醒用户注意防范诈骗陷阱；对于共享单车使用者而言，要多一颗心眼，仔细辨别车辆的相关信息是否符合规范，对非正常的支付和账户信息提供等要求一律拒绝。对于政府而言，一方面加大对诈骗犯罪的侦破和惩治力度，对不法分子形成震慑力，维护良好社会环境，另一方面应督促、协助企业做好单车的日常维护管理。

对待单车的不良现象及政府应该扮演的角色

由于共享单车在使用时具有一定的私人属性，且存在于无人看管的公共场所，很容易受到不良使用甚至遭到蓄意破坏。

1）如何看待公车私用问题

部分用户为了方便自己使用共享单车，将共享单车搬回自家，或者通过上私锁、涂抹号牌等方式排斥他人使用，各式各样的公车私用招数层出不穷。例如，据西安媒体报道，2017年3月8日，在西安西郊一小区里发现了一辆被喷漆改装的ofo共享单车，"小黄车"摇身变成黑色的私人自行车。武汉市一共享单车被装车运回老家，致使"ofo共享单车武汉"于2017年3月9日深夜通过微信公众号发布消息，紧急寻找车牌号为鄂AP86A×的车主，请求其归还带走的共享单车。

图 22　被改装喷漆成黑色的 ofo 小黄车

图片来源:《西安都市快报》

图 23　共享单车被装车运回老家

图片来源: ofo 共享单车武汉

公车私用问题主要是部分用户法制观念不强造成的。一些用户觉得共享单车方便，出于个人利益作祟，打起了公车私用的主意，虽然觉得不符合与共享单车企业的约定，但以为只是道德层面的问题，并没有意识到问题的严重性。事实上，共享单车是企业的私有财产，作为使用人，只有付费骑车的权利，而据为己有使用的行为，都是以非法占有为目的，因此构成盗窃性质。视单车价值情况，可以追究这种行为的刑事责任。例如，上海市一男子韩某将小区门口的单车搬回了家，后被企业报警，法院以盗窃罪判处韩某拘役3个月，缓刑3个月，并处罚金1000元。即使不构成犯罪的，也将受到《治安管理处罚法》的法律制裁。

因此，为避免公车私用，使共享单车能够真正发挥共享的效益，政府一方面应对公车私用的盗窃行为予以坚决打击，另一方面应做好宣传教育，使广大共享单车使用者树立法制观念，依法依规使用共享单车；共享单车企业可以通过技术升级等手段，更好地甄别公车私用行为，并及时报案，寻求公安机关的帮助；共享单车使用者应树立守法意识，通过广大公众对共享单车使用的相互监督，共同营造良好的共享单车使用环境。

2）如何看待蓄意破坏问题

在一些地方，单车被恶意拆解、堆砌，甚至发生过将共享单车直接丢进河里或挂在树上的荒诞之举。2017年1月16日，深圳市蛇口湾厦山公园出入口出现大面积人为破坏的共享单车，数百辆各种品牌的共享单车堆积成两座"小山"，不少单车的车把、车篮等零件散落一地。2月26日，在成都市幸福梅林一停车场内发生一起故意毁坏共享单车案件，十多辆不同品牌的共享单车被烧毁，现场留下一堆单车残骸。

图 24 深圳共享单车遭破坏

图片来源：中国新闻网

图 25 成都共享单车被烧毁

图片来源：《成都商报》

蓄意破坏现象发生的原因主要有以下两方面。

一是部分公民法制观念不强。有些人认为贵重的物品都有人看管，共享单车这类摆放在大街上又无人看管的物品，可以拿来"出出气"，因而很容易成为自身情绪不好的发泄品。特别是由于共享单车的规模和社会影响力，一些自认为受到社会不公正对待的人也很可能将破坏共享单车作为报复社会的一种方式，非理性地表达自己的各种诉求。孰不知，这种损坏共享单车的行为，是一种侵害私有财产的违法行为，情节严重者将被追究刑事责任。例如，由于损毁财物价值达到标准，成都三圣乡共享单车被烧案被列为刑事案件进行侦破和审理。

二是企业间恶性竞争的结果。共享单车的出现，在方便城市居民的同时，也抢了一些个体或企业的生意，如黑车、摩的、自行车销售公司等，这些受影响较大的个体或企业可能通过恶意破坏的方式，和共享单车开展不正当竞争。根据成都市公安局通报锦江分局官微"平安锦江"通报，成都三圣乡共享单车被烧案的嫌疑人系幸福梅林景区自行车租赁从业人员，就是因为共享单车使用者多次将车辆停放在其租赁点位，影响其经营，怀恨在心，遂将这些车辆推至旁边停车场内，用火机点燃枯树枝对共享单车进行焚烧的。

因此，为避免共享单车被蓄意破坏，政府应对这种故意损坏他人财物的行为予以坚决打击；广大公众应树立守法意识，善待共享单车，使其为便利人们出行发挥最大的效益。

综上所述，面对共享单车占用公共资源的停放问题、涉及用户的潜在安全问题，以及对待单车的不良现象等问题，政府在其中的作用不可或缺。政府必须扮演好公共秩序的维护者、公众安全的保障者、社会公平正义的捍卫者等角色，维护共享单车相关方权益，促进共享单车健康发展。

首先，面对共享单车占用公共资源的停放问题，做公共秩序的维护者。一是明确表达对共享单车支持和鼓励的态度，并且尽快出台相应的管理规定。二是明确共享单车在城市和区域交通中扮演的角色，维持合理规模，避免资源浪费。三是保证地点便利、数量充足的自行车停车区供共享单车停放，维持停车秩序。四是加强对自行车违法停放的执法，并支持共享单车企业通过技术升级等手段，强化对乱停放行为的约束。五是加强对自行车规范停放的宣传，强化公众规范停放意识。

其次，面对涉及用户的潜在安全问题，做公众安全的保障者。一是明确产品与服务标准，只有满足产品质量和一定服务标准的企业才能从事共享单车经营业务。二是加强对共享单车企业产品生产、系统维护、消费者权益保护、资金使用等全方位的有效监管，确保共享单车企业合法经营。三是加大对各种交通违法行为、诈骗犯罪行为等的惩治力度，维护良好的交通秩序和社会环境。四是加强对文明骑行和自行车相关法律法规的宣传，强化公众安全意识。

第三，面对对待单车的不良现象，做社会公平正义的捍卫者。一是坚决维护法律的尊严。保护企业私有财产不受侵犯，对损坏、盗窃共享单车的行为，违法必究，依法严惩，形成震慑力。二是重视道德的力量。加强社会公德教育，倡导爱护公物、遵纪守法的行为规范，为共享单车的正常合法经营创造良好社会环境。

共享电动自行车和共享汽车

共享单车引发的社会热议尚未停止，最近各大城市街头又出现了由共享单车概念衍生出的共享电动自行车和共享汽车产品。究竟什么是共享电动自行车和共享汽车？它们有哪些特点？政府是否应当鼓励其发展？若鼓励发展需要注意什么问题？

1）因城施策规范共享电动自行车发展

2017年1月开始，"7号电单车"、"小蜜电动单车"、"享骑出行"等陆续在深圳、南京、北京、上海等地登陆。共享电动自行车与共享单车十分类似，实质均为分时租赁经营，所带来的很多问题也具有共性。只是共享电动自行车瞄准的是更长距离的出行需求，将共享单车3~5公里的骑行距离延长至10公里左右，与共享单车的细分用户群有所不同。

图26　共享电动自行车

图片来源：网络

同时，由于使用的是电动自行车，具有质量大、速度快等特点，其带来的安全隐患可能较共享单车要严重得多,这也是部分城市政府目前对共享电动自行车持谨慎态度的主要原因。正因如此,刚刚在北京部分地铁站投放几天的数十辆共享电动自行车被交管部门叫停,"7号电单车"登陆深圳一天后,深圳市交管部门便对其运营公司负责人进行了约谈。

长期以来,我国城市关于电动自行车的管理一直存在较大争议。目前我国关于电动自行车的现行国家标准为1999年颁布的《电动自行车通用技术条件》(GB 17761—1999),其中关于"电动自行车最大时速不得超过20km/h,整车重量不得超过40kg,必须具备脚踏骑行能力"等规定明显已与现实相脱节。在这种情况下,很多城市根据当地具体实际制定了相应的电动自行车政策加以管理。部分城市如上海、昆明、苏州等,将电动自行车纳入非机动车管理范畴,准许发放专门牌照,并相应地对生产厂家及产品进行规范管理。部分城市如广州、武汉、南宁等,严禁电动自行车上路行驶,一经发现,将责令骑车人拆除动力装置并接受处罚。部分城市如北京、哈尔滨、兰州等,由于缺乏管理依据,电动自行车目前处于放任发展的阶段。

因此,国家或城市尽快出台电动自行车的管理规范文件,对共享电动自行车的生产、经营、行驶、停放等做出具体规定,切实保障公共秩序和交通安全。《指导意见》明确指出:不鼓励发展互联网租赁电动自行车。

2)鼓励共享汽车应符合城市交通发展整体策略

据媒体报道,共享汽车目前已活跃在各大城市。其中,"Gofun出行"与北京市政路桥合作,于2017年3月在北京二三环桥下投放了首批300辆新能源分时租赁车辆,2017年年内将租赁点扩展到200多个。在上海,上汽集团与EVCARD合资成立的环球车享已经投放运营6500辆。在广州,目前已有"有车"、EVCARD、驾呗等共享汽车运营商。

在深圳，比亚迪、中兴、车普智能、联程共享四家企业的1000多辆分时租赁汽车每天活跃在街头。有业内人士认为，2017年将成为共享汽车的爆发元年。

共享汽车实质上是汽车分时租赁，但在互联网背景下，共享汽车有以下几个特点。一是实现租车全程自助化。用户可以通过手机APP查找租车网点、用手机进行租车手续办理、待租车结束后直接用手机进行支付，较传统汽车租赁流程更为简单、办理更加便捷。二是取还车较为灵活。由于租车网点的布设仅依托于停车场，不需要门店和服务人员，形成规模效应后网点布设可以非常密集，用车完成后可以在任意网点还车。三是计费机制更人性化。可以实现按里程或时间付费，最大程度减少车辆闲置时间，在降低租车成本的同时显著提高车辆的利用效率。

共享汽车在一定程度上符合资源集约利用和推广绿色出行的城市交通发展方向。一是提高车辆使用效率。当前，我国许多城市都出台了小汽车限行限购政策，拥有一辆小汽车已成为"奢望"。但对于一些确有用车需求的居民来说，共享汽车能够在不增加汽车保有量的前提下为其使用小汽车提供便利。国家信息中心相关研究表明，每共享1辆汽车，可以减少13辆汽车的购买行为。二是倡导绿色出行。值得注意的是，目前各大城市推出的共享汽车绝大多数均为电动汽车。若如此，共享汽车的推广，一方面并未增加燃油排放，属于国家鼓励的绿色出行方向，另一方面也能为电动汽车的推广提供一个很好的平台，起到无形的宣传作用，许多乘客在体验过共享电动汽车后若感觉良好，需要买车时也会考虑购买电动汽车。因此，城市政府可以在网点布设、充电基础设施配套等方面通过一些政策措施鼓励共享汽车的推广。

但是，还应该认识到，共享汽车仍为小汽车出行的一种方式，在我国城市尤其是大城市道路资源非常有限的情况下，即使共享汽车较一般用车能够提高车辆使用效率，但仍属于占用道路资源较多的出行方式。因此，城市政府仍应坚持公共交通优先的发展战略，并在此基础上，引导共享汽车的合理使用。

一是保持小汽车政策的连续性。鼓励共享单车应遵守城市既定的相关小汽车政策，如实行了小汽车指标总量控制的城市，可以通过政策调整为共享汽车企业增加一定数量的车辆指标，但同时就需要在其他方面减少相应指标，即保证总体指标仍然在预先设定的范围内，不增加新的小汽车指标。

二是统筹做好小汽车出行的需求管理。城市对小汽车出行的需求管理，应执行统一的标准，如通过征收拥堵费、提高停车费标准、提高公共交通的便捷性和舒适性等方式，在公平对待所有小汽车使用者的前提下，积极引导私人小汽车出行向更加集约节约的公共交通和共享汽车出行转变。

三是强化城市综合交通整体设计。近年来网约车、定制公交、共享单车等城市交通新模式新业态的不断涌现，为细分市场用户提供了个性化、多元化的便捷交通服务，符合城市交通供给侧结构性改革的大方向。在此背景下，城市政府更应该站在城市交通发展战略的高度，对各类新模式新业态与既有城市交通系统的关系做出合理分工设计，如共享单车主要可以解决短距离出行和城市公交的"最后一公里"问题，共享汽车可着重鼓励在城乡接合部投放以推广"P+R"接驳等，使共享汽车与轨道交通、地面公交、出租车、共享单车等形成良性互补。总之，在城市交通整体运行效率最优的情况下不断满足城市居民日益多元化的出行需求,应当成为城市交通的发展目标。

图27 杭州市地铁江陵路站的电动汽车租赁站,实现地铁与"微公交"接驳

图片来源:新华社

三 | 他山之石：看国外政府如何创造条件助推自行车复兴

本部分对共享单车引发的热点问题进行深入分析的基础上，进一步将这些问题分为城市自行车存在的普遍性问题和共享单车特有的问题。属于普遍性问题的，从城市自行车系统的整体角度去解决；属于特有问题的，提出有针对性的解决思路。前两节从城市自行车系统的角度出发，分析和提出解决制约城市自行车出行的普遍性短板问题的思路举措；后两节从共享单车的视角出发，分析和提出支持和鼓励共享单车健康发展的具体建议。

国外自行车复兴过程中的政府作为

本节选取荷兰、丹麦和德国三个城市自行车出行分担率较高的欧洲国家，总结其在支持城市自行车发展方面的经验做法。

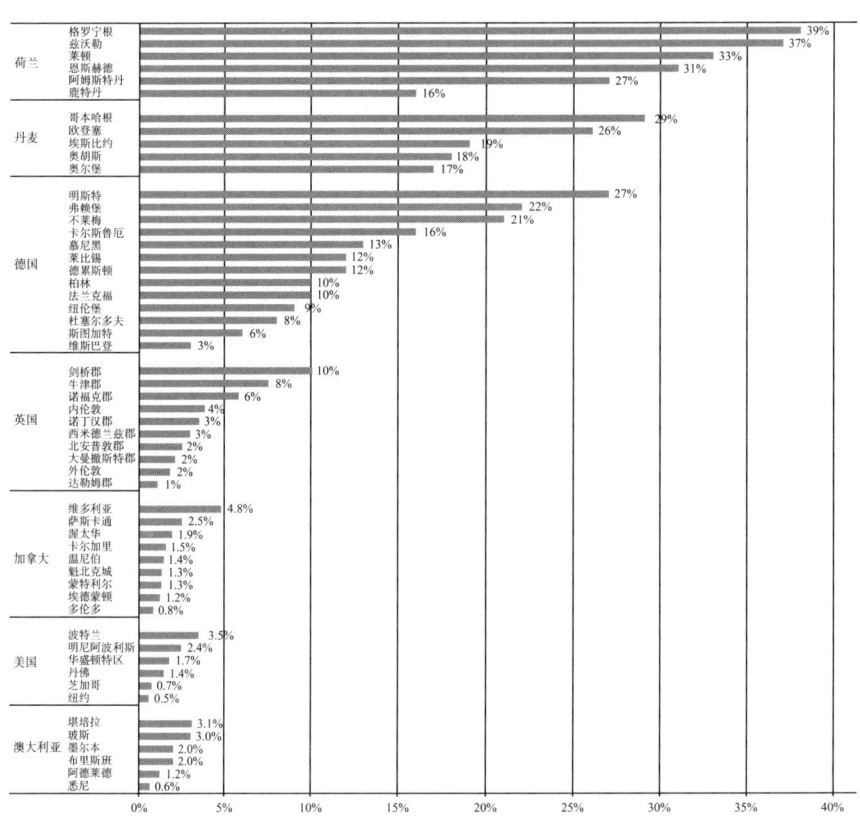

图 28 荷兰、丹麦、德国、英国、加拿大、
美国和澳大利亚部分城市自行车出行分担率

图片来源:《难以抵挡的骑行诱惑:荷兰、丹麦和德国的自行车交通推广经验研究》

1)荷兰

在有"自行车王国"之称的荷兰,多数城市都采用了鼓励自行车使用的城市发展模式,主要有以下几个特点。

一是健全的自行车设施。荷兰城市特别重视自行车道的修建,特别是自行车专用道的修建。阿姆斯特丹全市共有自行车道约 500 公里,其中一半为自行车专用道。格罗宁根市为所有郊区的居民区都修建了可以直接通往市中心的自行车专用道。代尔夫特自行车规划最大的特点就是修建了3级自行车道路体系：城市级网络（用于跨城市分区的较长距离通行）、分区级网络（用于连接城市分区的设施）和社区级网络（用于连接住宅和社区设施）。自行车停放设施遍布城市中心区，特别是在轨道站点，设置了方便的自行车设施。

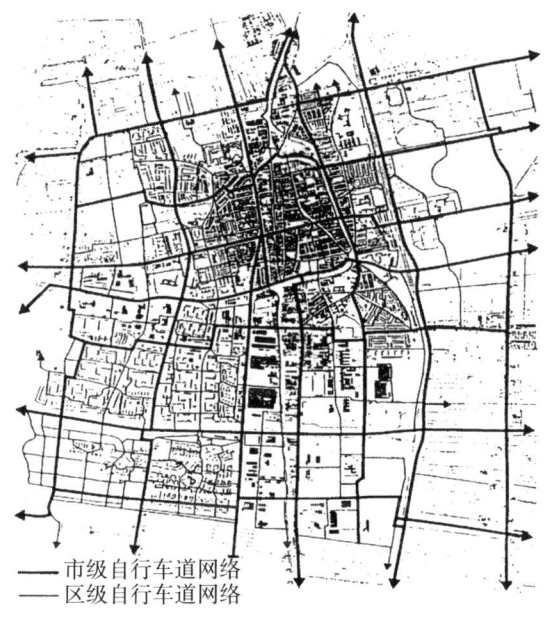

图29　代尔夫特自行车道网络规划

图片来源：《荷兰自行车交通的历史演进及规划设计》

二是注重对自行车路权的保障。在荷兰城市的一些主要交叉路口，特别是在左转弯路口，自行车几乎都可以畅行无阻，不受红绿灯的限制；在市中心的单行路上，自行车也被允许双向行驶。荷兰几乎所有的居民区都规定汽车限速每小时30公里以内或者少于每小时30公里，在有的居住区，汽车更是限速在每小时7公里以内，以保障行人、自行车的优先路权。格罗根宁将城市分为4个部分，每个部分不能直接通车，必须首先到沿城市周边的环状公路上才可以到其他的部分，但自行车可以畅行无阻。

三是鼓励"P+B"停车换乘自行车。为使自行车交通和机动车交通有效结合，阿姆斯特丹市实施了名为"Park and Bike"（"P+B"）的项目，在城市边沿地带修建大量的停车库，同时还在这些地方投放大量可供租用的自行车，开车人可以把自己的汽车停放在这里，然后使用自行车很方便地到达市中心目的地。

四是采用紧凑式城市发展模式。据统计，在格罗根宁距城市中心3公里的半径之内，分布着78%的居民和90%的就业岗位。即使在新扩张的周边的城市区域，也都保持着相对独立的功能。这样的城市结构为自行车的大量使用提供了先决条件。

2）丹麦

以哥本哈根为代表的丹麦城市，在机动化挑战的背景下，通过近半个世纪的努力，逐步走向城市自行车交通的复兴，主要有以下几方面特点。

一是积极制定自行车交通政策。1980年，哥本哈根市政府通过了第一个自行车网络规划。1997年，政府出台《交通与环境规划》，明确了抑制小汽车交通增长、大力发展自行车和公共交通的总体目标。2002年，哥本哈根政府发布《自行车政策2002—2012》，第一次围绕发展自行车工作制订了一揽子计划。2012年夏，发布《气候规划》，提出到2025年将哥本哈根建设成为世界第一座碳中和城市，并重申50%自行车通勤分担率的宏伟目标。

二是坚持城市紧凑开发，限制小汽车交通发展。哥本哈根从最开始就坚定了走公交引导开发和紧凑发展的路径，大多数公共建筑和高密度的住宅区集中在轨道交通车站周围，方便市民采用自行车和轨道交通相结合的方式出行。同时，小汽车使用受到越来越多的限制，在哥本哈根，私人小汽车税款大致是购车费用的3倍；在停车环节，哥本哈根政府在过去几十年一直坚持每年减少2%~3%的停车位，并通过停车费的调控，保证了一定的空位率。

三是完善的自行车道系统。哥本哈根的自行车道分为自行车高速公路、自行车绿道和常规自行车道。其中，自行车高速公路主要以最短路径连接郊区居住区和市中心的办公、学校和公交站点等重要节点，引导住在郊区的市民选择远途自行车通勤；自行车绿道独立于城市干道设置，穿越公园、滨水等开敞空间，并为联系城市主要的吸引点提供捷径；市内的绝大部分自行车专用道采用"抬起式"，即自行车专用道路面始终比机动车道高出7~12厘米，并用路缘石隔开，以保证自行车行车安全。

图30　哥本哈根的自行车绿道

图片来源：哥本哈根2014年自行车评估报告

四是差异化渐进增加自行车停车位。哥本哈根政府针对不同区域制定了差异化的渐进增量政策。例如，对于供需矛盾突出的居住区和办公区，允许并鼓励业主将机动车停车位改为自行车停车场地。对于一般街道，允许在人行道转角处增设自行车停车设施。对于寸土寸金的商业街，允许临街店主利用人行道的剩余空间修建自行车停车架。

五是以人为本做好自行车服务。采取人性化措施大大提升了骑车人在交叉口过街的安全性、快捷性和舒适性，包括：蓝亮色自行车过街带、前置自行车等待区、自行车信号灯专属化、自行车信号绿波等。2010年起，哥本哈根政府还在许多交叉口路边安装了供等待信号灯的骑车者休息的"脚蹬"设施。为治理自行车乱停乱放问题，政府每天派专人将占道自行车搬至指定地点，还对合理停放的自行车免费进行上机油、补胎气的服务。

六是加强自行车与公交出行方式的整合。首先，政府十分重视主要公交站点与自行车停车设施的整合，如对地铁站自行车停车设施进行改善，在增加自行车停车设施数量的同时，最大程度地方便骑行者换乘公交。此外，哥本哈根的火车、地铁、公交车和出租车上都配有自行车车厢或车架等设施，允许市民携带自行车乘坐公交，并逐步由仅限非高峰时段扩展到全时段。

七是开展自行车交通评估与反馈。自1995年起，哥本哈根每两年发布一次本市自行车评估报告（Bicycle Account），至今已发布11份报告。评估报告主体由民意调查、自行车基础设施评估以及规划目标实现情况评估三部分组成。该报告作为检验自行车交通相关政策落实与否的重要工具，同时也是确定新政策的重要依据。市民满意率的变化趋势和高低排序已成为哥本哈根政府制订每一轮自行车政策和重点行动计划的风向标。

COPENHAGENERS' SATISFACTION WITH THE CYCLING CITY *

'04	'06	'08	'10	'12	'14	
83	83	85	93	95	94	Copenhagen as a bicycle-friendly city
54	58	49	55	60	60	Integration of cycling and public transport
64	65	65	68	76	80	Amount of cycle tracks
50	48	43	47	50	53	Cycle track width
50	48	54	50	61	63	Cycle track maintenance
27	28	26	31	32	36	Road maintenance
30	26	26	27	29	33	Bicycle parking, generally

*Percentage who answered "satisfied" or "very satisfied". The answers are based on interviews with 704 respondents who either use the bicycle as the preferred transport mode or who use the bicycle at least once a week.

图 31 哥本哈根历年自行车评估报告的市民满意率变化

图片来源：《哥本哈根 2014 年自行车评估报告》

八是重视自行车形象提升。哥本哈根长期以来一直非常重视自行车相关的宣传活动，如每年举办自行车节、无车日等活动，以及政府官员、皇室成员等带头骑车。政府 2007 年起力推"I Bike Copenhagen"标志作为重要的城市符号，广布街头巷尾，甚至植入日常生活用品设计，全时全方位向市民宣传"自行车之城"的理念。针对骑车会吸入更多汽车尾气等担心，有关研究机构也会及时予以澄清。

3）德国

在德国，经过长期的实践与理论总结，从自行车交通法规、设计和管理，到促进自行车交通政策，逐步形成了一套系统而完善的体系。促进自行车交通作为可持续的综合交通政策的一部分，已经提升为德国促进可持续发展的国家战略。

一是完善的自行车交通法规框架。自行车交通法规被纳入德国现行的城市交通法规的整体结构，由宏观、中观和微观三个层级组成：第一级为总体规划，即《城市道路设施指南》；第二级为具体规划指导建议，即《自行车交通设施指导建议》；第三级为各类专项细则建议，包括《乡村自行车交通建议》《自行车交通信号标识建议》《自行车停放建议》等。

二是多层次的自行车交通基础设施规划设计。德国城市自行车与步行交通构成的非机动交通系统，与公共交通和机动车交通等其他交通系统具有平等的地位，在城市道路上享有共同使用的权利；自行车交通网络应该尽可能密集和封闭，同时要考虑到目的地和来源地在空间上的关系；自行车交通基础设施设计要充分考虑自行车交通的需求。基于以上原则，德国自行车交通网络通过多层次的交通规划指南得以逐一实现与完善。

三是自行车与公共交通的结合。为了促进公共交通的更多使用，结合自行车短途交通出行的特点，德国城市交通部门提出自行车与公共交通相互结合补充的城市个人出行方式新理念，根据个人使用自行车出行的不同用途，建立了自行车与公共交通系统相结合的三种组合出行模式，并实施相应的特色措施。组合一为自行车换乘公共交通，其重点是自行车在车站的停车设施。组合二为公共交通换乘自行车，其重点是站点的租借自行车服务。组合三为自行车＋公共交通，目的是使用自行车到达和离开公共交通站，其重点是自行车搭乘列车或公交。

四 | 宽容新事物，治理宜疏不宜堵

大力改善城市自行车整体出行条件

共享单车是城市自行车出行的组成部分，为支持和鼓励共享单车发展，首先必须为城市的整体自行车出行创造较为优越的条件。城市政府应从城市自行车交通的整体出发，在自行车政策、设施、路权、环境等方面综合发力和施策，系统解决制约自行车出行的普遍性短板因素。

1）明确定位，加强规划和标准、政策的制定

是明确自行车在城市交通中的定位和作用。城市政府应将自行车这一绿色交通出行方式同公共交通、步行系统一道确立为城市综合交通发展的优先方向，将发展城市自动车交通系统作为优化城市交通供给侧结构性改革的重要抓手、倡导绿色出行的有效途径、切实改善民生的重要举措。具体来说，在地位和优先级方面，城市交通各出行方式从高到

低依次为：步行、自行车、公共交通、小汽车，自行车与步行相近，具有很高的优先级；在定位方面，自行车出行是城市交通的重要甚至主要的组成部分，视城市地形、气候条件和城市规模等城市具体情况而定，如在大城市，自行车可作为短距离出行的主要方式和城市公共交通系统接驳的有效方式，在中小城市，自行车可成为主要出行方式。

二是加强自行车交通专项规划。首先确立自行车友好的城市发展模式和城市交通发展战略，在此基础上，将城市自行车交通规划作为城市综合交通体系规划的专项规划，并与城市总体规划相衔接、双促进，使城市自行车系统建设符合城市功能总体布局和城市交通发展要求，为城市自行车发展创造条件。要通过编制城市自行车发展规划，明确城市自行车道、自行车停车设施、自行车服务设施等的布局规划，对自行车系统的路权保障与服务能力提出具体要求，并在实际工作中加强对规划执行的评估与检查，确保规划目标的实现。

三是加强城市自行车系统标准的修编与执行。我国现行的城市道路设计规范为1995年颁布的《城市道路交通规划设计规范》，其中对城市道路的分类与自行车道的设计要求有很大的局限性，已不适应当前城市发展和自行车优先发展的要求。应制定城市自行车道的相关标准规范，明确城市自行车道的分级分类及相应的技术标准，保障城市自行车出行的便利性、舒适性、安全性。此外，目前多数城市停车设施配建标准虽然提及自行车停放设施，但不够具体、要求较低，更重要的是没有监督落实，因此，应就城市自行车的停放设施、服务设施等制定或修改相关标准，明确城市自行车系统的服务能力与服务标准，并推动相关标准的贯彻执行。

图 32 美国《自行车道设计指南》对双向自行车专用道的设计

图片来源：http://nacto.org/publication/urban-bikeway-design-guide

四是依托城市自行车交通评价调整和优化城市自行车政策。城市自行车系统的服务对象是广大城市居民，其最终的服务效果取决于广大使用者的满意度。城市政府应根据自行车系统各相关方的意见建议调整和优化城市自行车政策，形成闭环效应，不断提升城市自行车系统的服务水平。应建立城市自行车交通评价反馈工作机制，通过引入第三方机构，综合自行车供应商、使用者、管理者及社会组织的意见建议，对城市自行车系统展开年度评价，并对下一年度工作重点提出意见建议。

2）系统构建网络化的城市自行车设施

一是建立全覆盖、连续、多层次的城市自行车道网络。自行车道是自行车最重要的基础设施，城市居民的自行车出行离不开一个快速化、网络化、绿色、安全的自行车道系统。其中，快速化、网络化、绿色、安全分别对应解决城市自行车系统的机动性、可达性、舒适性和安全性问题。城市政府应根据城市对自行车系统的定位，构建与之相适应的城市自行车道网络。对于适合自行车出行的城市，要构建全覆盖、连续的自行车道网络，对于大型城市，可分功能形成由城市外围进出中心城区的自行车快速网、连通中心城区主要居住地与工作地的自行车骨干通勤网、以公共交通站点为核心的自行车接驳网、贯穿城市生态系统的自行车休闲网、社区范围内的自行车生活网，构成"多网融合"、连续一体的自行车道网络。

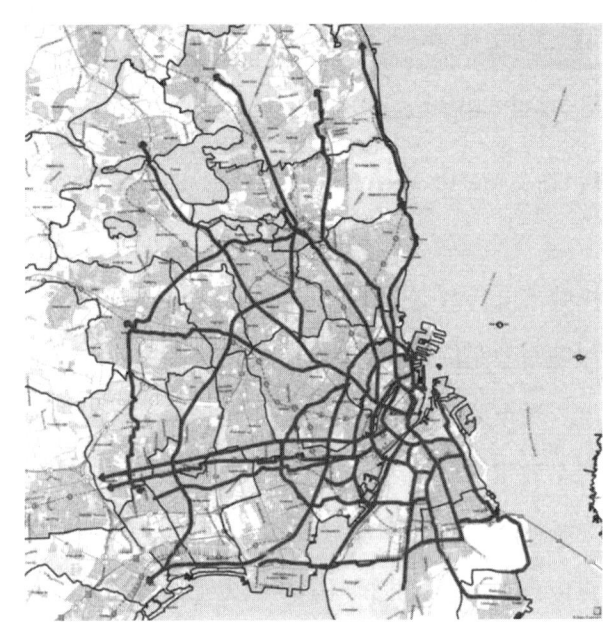

图 33 哥本哈根自行车高速公路网规划

图片来源：http://www.cycling-embassy.dk

二是完善自行车停放设施布局。突出便捷与充足两大原则，在不影响正常交通秩序的前提下，最大程度地给予自行车停放的便利性，并设置充足的停放设施，充分满足自行车的停放需求。具体做法：在城市中心城区，利用城市道路的人行道、行道树树池之间、道路退线区域、立交桥和人行天桥下等区域，设置充足的自行车停放区；重点围绕主要交通枢纽、公共交通站点、主要工作地、商场、居住小区、公共区域等人流密集区设置充足的自行车停放区等。

图34　哥本哈根城市广场作为自行车停放区

图片来源：网络

三是完善城市自行车服务设施。以人为本完善自行车配套服务设施的有效供给，提高城市自行车使用的便利性、舒适性和安全性。具体做法：为自行车行车设立专用的道路指引标志和停车标识；在人员密集区设立公共自行车租赁服务点；满足一定数额的自行车停放区须设立自行车维修服务站；在交叉口的自行车等候区设置遮阳（雨）设施以及供骑行者休息的辅助脚蹬设施等；在交叉口为自行车提供专用信号灯和彩色警示路面等。

图 35 哥本哈根自行车道旁设置的自助打气装置

图片来源：http://www.cycling-embassy.dk

3）切实保障城市自行车路权优先

一是保障自行车优先通行。城市政府应利用设施建设、技术支撑、法律监督等手段，保障自行车享有相对独立、优先通行的权利。应设置独立的自行车专用道，禁止小汽车停车占用；将自行车道延伸至优先等候区域（或置于汽车停止线之前），方便骑行者安全便捷地穿越交叉口或转向；将最有利位置的停车区分配给自行车；交叉口为自行车提前切换绿灯；按照自行车行驶速度实现交通信号同步，设置沿途自行车绿波信号；通过低限速等手段，保证自行车在狭窄道路上较汽车拥有绝对优先权；在居住区设置机动车停车让行标志，等等。

图 36　波特兰交叉口的自行车停车区置于机动车之前

图片来源：网络

二是减少小汽车交通对自行车的干扰。城市政府可制定限制小汽车过度使用的政策，减少城区内的小汽车数量，为自行车出行创造安全环境。可在公共交通服务完善的自行车出行密集区设置小汽车禁行区；限制中心城区的机动车停车位数量；利用征收拥堵费、提高停车收费价格等经济手段提高城区小汽车使用成本；在混合交通特征明显的城市道路进行机动车单行组织，并保证自行车的双向通行不受影响等。

图 37　自行车优先道

图片来源：http://nacto.org/publication/urban-bikeway-design-guide

三是加强自行车与公共交通的有效衔接。优先发展公共交通同优先发展自行车交通一样,是缓解交通拥堵、倡导绿色出行、提升城市居民生活品质的有效途径,加强自行车与城市公共交通的有效衔接,将最大程度地激发城市居民使用自行车的意愿和热情。主要交通枢纽和公共交通站点等人流密集区应设置充足的自行车停放区,并使自行车使用者较之小汽车使用者能够更便捷地进入;在城市地铁、公交车等公共交通工具上配备自行车车厢或车架等设施,允许城市居民在非高峰时段携带自行车乘坐;推广自行车+公共交通"B+R"模式等。

图38 格罗根宁火车站前的自行车停车场

图片来源:《荷兰自行车交通的历史演进及规划设计》

4)为城市自行车发展创造良好社会环境

一是坚持紧凑型城市发展模式。坚持以公共交通和自行车为导向的城市发展模式,避免"摊大饼"式的城市盲目扩张,为城市居民更多地利用自行车出行创造良好外部条件。加强街区的规划和建设，按照"窄马路、密路网"的城市道路布局理念，推动发展开放便捷、尺度适宜的生活街区，建设自行车友善型街区，推动街区生活"零排放"。应对城市进行合理功能分区，围绕公共交通站点进行高强度、混合式的立体开发；推动住宅小区和单位大院的内部道路首先向自行车和行人开放，构建自行车的社区微循环系统。

二是加强监督执法，保障自行车使用者的合法权益。在自行车停车区通过增加监控摄像头、布设看管人员等措施，保障设施车辆安全；依法保护自行车设施和车辆等公私财产不受侵犯，用严厉的执法行动坚决打击盗窃、破坏自行车设施和车辆的违法行为；加强对交通秩序的管理，对违法交通通行、车辆停放规则的机动车和自行车采取严格执法，保障自行车的良好出行环境；注重对惩治违法犯罪行为的宣传，营造和谐守法的舆论氛围。

三是倡导形成崇尚骑行的城市自行车文化。在大力改善自行车设施、保障自行车路权的同时，努力转变公众对于自行车的既有观念，形成崇尚光荣骑行、绿色骑行、快乐骑行的城市自行车文化。公众人物和政府工作人员应带头坚持骑自行车；对自行车便捷高效、亲近自然、强身健体等优点进行宣传；开展"无车日"、"自行车节"等城市自行车活动；鼓励企业为骑车上下班的员工进行物质或精神上的奖励或认可；为在校学生提供综合的自行车培训，养成良好骑行习惯等。

图 39　成都市市长罗强骑行共享单车

图片来源：中国新闻网

我国部分城市对共享单车的管理意见

目前，成都、深圳、南京、济南等城市均出台了共享单车的政府管理意见或征求意见稿，其中，成都与深圳是我国城市中制定共享单车规范性文件最早的两个城市，本节主要总结其在支持和鼓励共享单车健康发展方面的经验做法。

1）成都市

2017年3月3日，成都市交委、公安局、城管委联合正式发布《成都市关于鼓励共享单车发展的试行意见》（以下简称《成都意见》），成都由此成为全国首个正式出台共享单车鼓励发展政策的城市。

《成都意见》主要从加强秩序管理与规范共享单车管理两方面对共享单车进行规范引导。

在加强秩序管理方面，提出在加快推进自行车停车点位划定工作的同时，加强共享单车停放秩序管理。

在规范共享单车管理方面，对共享单车企业的经营行为做出了详细规定，这是《成都意见》的一大特点。如共享单车运营企业应对使用者进行实名制注册登记；应公布确定符合规定的计费方式；应通过具备相关资质和牌照的第三方支付企业进行资金结算；应针对使用者制定安全骑行规范停放守则、文明用车奖惩制度及建立个人信用评价体系；应组建专业运行维护队伍，做好对车辆清洁、停放、运营调度和维修等的管理；应建立使用者投诉机制，设置服务监督机构、建立投诉受理平台、公布服务监督电话；应注重保护使用者隐私，不得将注册用户个人信息公开或擅自泄露；不得妨碍市场公平竞争，不得侵害使用者合法权益和社会公共利益。

《成都意见》的另一大特点，就是对政府管理部门的管理职责做了明确职能分工。市交通运输行政主管部门负责共享单车运营企业的监督管理；市城市管理行政主管部门负责共享单车停放秩序的指导和监督管理；市公安机关交通管理部门负责共享单车的通行管理和停车点位的规划设置；区（市）县政府负责属地范围内非机动车停放点位的施划、停放标志的设置和日常管理。

《成都意见》还对共享单车企业、车辆及全体市民提出了原则性约束要求。其中，要求运营企业具备线上线下服务能力，并需要设立相应服务机构；要求车辆技术性能符合现行国家标准和行业规定，具备车辆的实时定位和精确查找功能，车身设计美观，无广告设置；要求市民爱护共享单车和停放设施等公私财物,违反相关法律法规,由公安机关依法追究其法律责任。

《成都意见》特别提出从加大宣传力度和加大执法力度两个方面,为共享单车发展营造良好的社会舆论环境和法治秩序。

此外,2016年12月25日,成都市公安局交通管理局制定并发布了《成都市中心城区公共区域非机动车停放区位技术导则》,将在中心城区各级城市道路人行道等公共区域,与相关部门统一设置供非机动车停放的区位。

2）深圳市

2017年4月7日,深圳市交通委、城市管理局、公安交警联合发布《关于鼓励规范互联网自行车的若干意见》。

《深圳意见》对政府管理部门的管理职责做了明确职能分工。市交通运输行政管理部门组织编制全市自行车道规划,编制道路系统自行车停放区域设置导则;各区政府做好本辖区自行车道、自行车公共停放区等自行车配套设施的建设,以及自行车停放秩序的执法管理;市公安交警部门要做好非机动车道路交通通行执法管理;市城管部门要制定相应的管理规定,指导自行车停放秩序管理;市市场监管部门、市网信办、市金融办、中国人民银行深圳支行等其他部门要按照各自职责,做好互联网自行车服务的监督管理。

《深圳意见》对共享单车服务规范做了明确规定。包括:所投放的车辆规模应与全市的车辆承载能力相匹配;投放车辆应符合国家、行业技术标准要求;应购买第三者责任险、人身意外险等保险;须设立押金专用账户,接受第三方监管,保证专款专用;明确用户行为规范,建立用户个人信用管理制度;公开收费标准,不得有低价倾销等不正当竞争行为;建立用户及市民投诉处理制度;配备专门的团队,对车辆进行日常维保,定期检修，并负责停放秩序的管理；应完善企业网络安全管理制度和网络安全防范措施等。

支持和鼓励共享单车健康发展

共享单车有其特殊的问题，也有其独特的优势，城市政府应正视共享单车发展带来的机遇与挑战，一方面出台有利措施，规范共享单车发展，另一方面，牢牢把握共享单车发展的契机，更好地促进城市自行车复兴目标的实现。

1）利用共享单车优化城市公共自行车服务供给

一是将共享单车纳入城市公共自行车服务系统。共享单车也具有一定的公共性，其虽以盈利为目的，但对市场的反映更为迅速，更能抓住用户痛点，服务效率更高。城市政府可与具有一定规模和服务能力的共享单车企业开展合作，通过政府购买服务、PPP等机制，将共享单车纳入城市公共自行车服务系统。对于共享单车企业而言，虽然让其满足城市公共自行车系统的种种规范和要求，会增加运营开销，但由于承担了城市公共自行车的公益性定位，城市政府可以通过政府购买服务等机制，使共享单车企业保持合理的利润率。而对于城市政府而言，将共享单车企业纳入政府购买城市公共自行车服务范畴，给予其一定的运营补贴就可以解决很大规模的公众出行问题，可谓是"花小钱，办大事"的聪明之举。

二是鼓励共享单车企业通过公平市场竞争获得用户认可。城市政府应该意识到，互联网创业的特性决定了当前共享单车"跑马圈地"的现象不可避免，但这种"群雄逐鹿"的局面也不可持续。因此，城市政府不必过分担心当前共享单车企业数量过多、共享单车规模过大、共享单车服务水平参差不齐等问题。城市政府可以积极鼓励符合条件的共享单车企业开展公平市场竞争，通过优胜劣汰的市场机制决定最后的胜者。在经历过严峻的市场竞争后生存下来的共享单车企业，一定是服务效率高、用户口碑好且运营规范的企业。

三是推动传统公共自行车与共享单车融合发展。以政府为主导的城市公共自行车系统，在补充和完善城市公共交通系统、支持和鼓励城市自行车出行方面发挥了重要作用。但在共享单车进入各大城市并成为城市居民自行车出行的重要选择时，城市政府应鼓励传统公共自行车企业与共享单车企业在平等的地位上开展竞争和合作，发挥各自服务优势，打造多元化、差异化的城市公共自行车服务系统。

专栏1　从共享单车看上海慢行系统的升级（节选自央广网和《新华每日电讯》）

令摩拜单车CEO王晓峰没想到的是，2016年4月底，摩拜单车率先在上海徐家汇地区投放后没几天，徐汇区科委和徐汇旅游局的党组书记就把电话打到王晓峰这里，问他们需要哪些支持和配合。

摩拜上海总经理姚呈武介绍说，2016年下半年，整个上海市新增了8000余个白线框。就连原来并没有明确画白线框的外滩街道、南京西路街道，都立上了非机动车停车指示牌。整个上海市，即便是收费停车点，也已有71个免费对摩拜单车开放。

上海市政相关部门不光"主动积极"提供自行车停放的场地，还给予经费和人力支持。比如杨浦区政府，以购买服务的形式，聘用相关人员,在区内出行集中的时间段和地段投放摩拜单车。更令王晓峰惊异的是,即使是技术层面的问题,市政服务人员也在帮他们"操心",甚至比摩拜的员工们想得还远、还细。

目前,摩拜单车与漕河泾街道携手合作,运用强大的后台数据,帮助他们在区域内合理规划停车点,设置白线单车停放区,方便市民进行停放。漕河泾街道也帮摩拜引进了徐汇区这边的一个商务公司,让其在写字楼周边设置停车点。

"政府对我们的支持很大,基本上我们在每一条路的交叉口或者大型园区,多多少少都会看到我们新增的白线单车停放区域。"摩拜单车运营人员说。

"共享单车"的井喷发展确实改善了市民的生活方式,不单单是说我们更方便、更健康、更环保了,而且也对上海慢行交通的便利和安全都产生了更大的诉求,这当然是一个我们都非常愿意看到的改革方向。

图40 上海为单车划出的"白线框"

图片来源:网络

2）维护共享单车用户权益和良好市场秩序

一是明确产品质量和服务标准。对于共享单车车辆而言，由于其使用频率较普通民用自行车要高得多，简单套用一般的自行车生产标准可能不符合实际运行的要求，政府应牵头制定共享单车的产品标准，确保单车质量，避免由于质量原因导致的安全事故发生。同时，要明确共享单车企业的服务标准，如应配备与投放规模相匹配的共享单车维护和管理团队；应建立客户服务系统，及时响应和处理用户需求；应设立押金专用账户，接受第三方监管，保证专款专用；应为用户购买第三者责任险、人身意外险等保险；应建立用户信息安全防护系统等。

专栏2　全国首个《共享自行车服务规范》

2017年3月8日，上海市质量技术监督局在网站上发布消息，全国首个依托区域协作制定的《共享自行车服务规范》、《共享自行车技术条件第1部分：自行车》、《共享自行车技术条件第2部分：电动自行车》三个共享单车团体标准日前完成编制，将于月底前公开征求意见。

据悉，上海市这次制定的标准可以大致分为两类，分别在硬件技术方面和服务规范上对共享单车做出了相应的要求。

首先，在技术方面，对共享单车的硬件设施和单车质量给出了明确的标准，具体到零部件上来说，提到了对锁具、实心轮胎、整体车轮的要求。同时，在使用年限上，提出了连续使用三年则强制报废的规则。报废车辆不允许进行拼装、修理后再投入市场，不允许社会车辆进入共享自行车服务。

其次，在服务运营方面，明确了共享单车必须具备卫星定位（GPS）

和互联网运行的功能,实现对共享单车的远程监控和显示统计,并能够在电子地图上显示共享单车,方便用户查找和平台防盗追踪;使故障车辆能够得到及时的修理;使政府能够实现监管。对共享单车的适用人群也做出了身高范围(1.45米~1.95米)和年龄段(12~70岁)的要求。

同时,相关方面拟规定共享单车的押金退回时效不超过7天,运营平台对用户在使用共享单车服务过程中所造成的人身伤害赔偿标准不低于15万元。

可以说,上海此次标准的制定为整个共享单车市场的规范化运营做出了表率。但是因为市场环境的复杂和不同平台运营状况的差别,具体内容还会再根据实际情况进行不断的完善和调整。

二是加强对企业经营行为的事中事后监管。为支持和鼓励共享单车这一"互联网+"交通新模式新业态的健康发展,建议政府不宜通过简单设置企业资质的前置审批进行监管,而应该加强对企业经营行为等要素的事中事后监管,建立对企业约谈、警告和退出机制,及时对车辆质量存在缺陷、乱停乱放现象严重、收费机制不明确、无法及时取得联系、泄露用户隐私信息等不当的企业经营行为进行提醒和提出整顿要求,将不符合产品质量和服务标准的企业清理出市场,切实保障消费者权益。

三是维护良好市场秩序。鼓励共享单车企业以行业公约等形式进行企业自律,杜绝低价倾销、恶意竞争等不正当竞争行为。鼓励共享单车企业与自行车生产企业开展合作,促进自行车生产制造水平迈向中高端;鼓励共享单车企业与自行车销售企业、传统自行车租赁企业及出租车行业进行差异化竞争,为市场提供多元化产品。同时,对妨害公平市场竞争的行为进行严厉打击,对垄断行为零容忍,保障良好市场秩序,维护社会公平正义。

> **专栏3** 深圳市互联网自行车行业自律联合声明

2017年1月22日,摩拜、ofo、小蓝、小鸣四家企业联合发布了《深圳市互联网自行车行业自律联合声明》。该联合声明主要涉及规范企业管理、停放管理、安全和服务以及用户管理等方面。其内容包括企业将公平竞争、有序投放车辆,保证车辆投放的进度和规模与企业自身管理能力相适应;配备与投放规模相匹配的停放秩序管理团队,保证车辆规范停放,不影响行人、机动车正常通行;不断改进车辆技术,建立客户服务系统,及时响应和处理用户咨询、投诉;将建立用户个人信用管理制度和行业共享机制,共同抵制乱停乱放、恶意损坏、违章骑行等行为。

3)通过政企合作加强行业和社会治理

一是不断优化调整城市自行车政策。共享单车企业拥有大量用户资源,对于用户的出行习惯、偏好、需求等特性的掌握较政府部门有着独特优势。城市政府在制定相关自行车政策时,可以与共享单车企业开展合作,瞄准市场需求和潜在问题精准施策。如利用大数据、云计算等技术对第一手的资料和数据进行分析挖掘,合理优化城市自行车道的设置和规划、科学调整城市公共自行车投放位置和数量;利用共享单车平台广泛收集用户在自行车使用上的意见建议,不断改进各类设施的规划建设与设计、各类服务的针对性和有效性,切实提高自行车使用者的便捷性、舒适性和安全性。

二是创新技术手段治理共享单车不良现象。在治理共享单车乱停放方面，城市政府可以划定违停区域，支持和配合共享单车企业制作停车电子围栏，只要检测到用户存在违停行为，即可通过法律手段予以处罚；可以鼓励广大居民和共享单车用户开展社会监督，设立监督举报制度，让违停行为无时无刻不暴露在阳光之下。城市有关管理部门还可以利用共享单车企业掌握的用户骑行轨迹和GPS实时位置等信息，加强对盗窃和破坏共享单车及交通违法行为的甄别能力，以更有针对性地开展执法等。

专栏4　"单车猎人"（节选自《新华每日电讯》）

庄骥是"单车猎人"群的群主。5月，他就职的上海当代艺术博物馆附近，开始出现了40多辆摩拜单车，解决了到距离博物馆最近的地铁站长达1.5公里的路程。"这是解决了我的，以及来我们这里参观的客人们的刚需！"他于是成了摩拜早期的忠实拥趸。

不久，他却发现，有些人会撕掉车身二维码，甚至给车加上私锁，违规停进小区、地下室里。曾有过15年当兵经历的庄骥，正义感顿时被激发，他开始了举报单车违停的行动：上下班路上，出去办事的途中，甚至是休息时间也会出去溜达一会儿找车。

一个夏天，庄骥就举报了200多辆违停的摩拜单车。其间他遇到了一些志同道合的人，于是组建了一个微信群，群名就叫"单车猎人"。他们把寻找违停车辆叫作"打猎"，而他们的目标，是"无猎可打"。"我觉得摩拜既然首先进驻到我们上海这个城市，那我们也需要回馈给它一点骑士精神。"

三是加强信用对接，改善社会综合治理。用户使用共享单车，事实上形成了同共享单车企业的契约关系，就必须遵守相关服务约定。比如，用户将共享单车停进小区的行为，虽然不属于在公共道路上乱停车的行政处罚范畴，但违反了租用时同共享单车企业达成的服务约定，也应承担相应违约责任。政府应鼓励共享单车企业创建基于使用者行为的信用制度，对有违约行为的用户采取扣除信用积分的管理方式，提高用户的违约成本。同时，将政府信用信息与企业信用制度相对接。一方面，政府可将共享单车用户的信用数据纳入社会征信体系，为其他行业对该用户的信用评估提供依据。另一方面，共享单车企业也可申请向政府部门查询有关用户的基本信用信息，如是否存在违法犯罪行为等，以加强对不良用户的识别和防控。

专栏 5　　深圳市与摩拜单车的联合声明

为了更好地规范共享单车交通秩序，保护共享单车用户生命安全，深圳市公安局交通警察局与摩拜单车于 2016 年 12 月 15 日，就共享单车交通秩序管理工作发布《关于加强摩拜共享单车交通秩序管理工作的联合声明》。其中，一些具体做法颇具亮点，如共同研究制定《共享单车行车秩序规范》、《共享单车停放秩序规范》、《共享单车投放规范》；深圳市交警局将积极协调政府有关部门，依托摩拜单车的大数据分析结果，科学合理规划、建设和完善非机动车道；鉴于摩拜共享单车采用实名认证的特点，深圳交警将与摩拜单车建立信用信息通报机制等。

综上所述，城市政府是城市交通规划与管理的主责一级政府，应当从优化城市交通结构、倡导绿色出行、切实改善民生的高度对待和管理共享单车问题，一方面着力解决制约城市自行车出行的普遍性短板问题，一方面以支持和鼓励的态度为共享单车健康发展创造良好环境。同时也要清醒地认识到，共享单车的健康发展，离不开政府、企业、社会乃至每一个公民的参与和支持。共享单车企业作为服务的供给方，应自觉遵守政府管理规定和行业运行规范，努力提高服务水平，并主动承担企业应有的社会责任；各类社会组织应积极参与到城市交通治理的全过程，为支持和鼓励共享单车发展多多建言献策，并做好社会舆论监督；共享单车的使用者应遵守相关法规和约定，做到文明骑行、规范停放；每个公民都应爱护公私财产，坚决同不文明现象做斗争，维护公平正义的社会生态。只有各相关方共同努力，才能促进共享单车健康发展，才能积极推动城市自行车的全面复兴。

参考文献

[1] 北京交通发展研究中心.2015年北京交通发展年报.http://www.bjtrc.org.cn/.

[2] Hua Zhang, Susan A. Shaheen, and Xingpeng Chen. Bicycle Evolution in China: From the 1900s to thePresent.International Journal of Sustainable Transportation, 2014, 8: 317~335.

[3] 马小毅.广州市居民出行方式结构变化的启示.城市交通, 2004, 2（2）: 29~32.

[4] 张星, 刘学敏, 张红.中国城市公共自行车系统: 现状、问题和对策.中国发展, 2013, 13（5）: 74~79.

[5] 曾振.公共自行车系统的"株洲模式"研究.现代城市, 2014, 9（2）: 24~26.

[6] John Pucher, Ralph Buehler 著, 孙苑鑫译.难以抵挡的骑行诱惑: 荷兰、丹麦和德国的自行车交通推广经验研究.国际城市规划, 2012, 27（5）: 26~42.

[7] 冯建喜, 马汀·戴斯特, 扬·普瑞尔维茨.荷兰自行车交通的

历史演进及规划设计. 国际城市规划，2013，28（3）：29~35.

［8］刘涟涟，蔡军. 德国自行车交通复兴：法规、规划与政策. 国际城市规划，2012，27（5）：73~78.

［9］姜洋，陈宇琳，张元龄，谢佳. 机动化背景下的城市自行车交通复兴发展策略研究——以哥本哈根为例. 现代城市研究，2012，9：7~16.

［10］Copenhagen City of Cyclists. The Bicycle Account 2014. http://www.cycling-embassy.dk.

［11］艾瑞咨询. 2017年中国共享单车行业研究报告. http://www.iresearch.com.cn/.

附录一

关于鼓励和规范互联网租赁自行车发展的指导意见(征求意见稿)

互联网租赁自行车(俗称"共享单车")是移动互联网和租赁自行车融合发展的新型服务模式。近年来,我国互联网租赁自行车快速发展,在更好地满足公众出行需求、有效解决城市交通出行"最后一公里"问题、缓解城市交通拥堵、构建绿色出行体系等方面发挥了积极作用,推动了分享经济发展。但同时也存在车辆乱停乱放、车辆运营维护不到位、企业主体责任不落实、用户资金和信息安全风险等问题。为了鼓励和规范互联网租赁自行车发展,现提出以下指导意见。

一、总体要求

(一)指导思想。全面贯彻党的十八大和十八届三中、四中、五中、六中全会精神,深入贯彻习近平总书记系列重要讲话精神和治国理政新理念新思想新战略,认真落实党中央、国务院决策部署,统筹推进"五位一体"总体布局和协调推进"四个全面"战略布局,牢固树立和贯彻落实创新、协调、绿色、开放、共享的发展理念,深化供给侧结构性改革,有效推进"互联网+"行动计划,鼓励和规范互联网租赁自行车发展,提升互联网租赁自行车服务水平,优化交通出行结构,构建绿色、低碳的出行体系,更好地满足人民群众出行需要。

（二）基本原则。

——坚持服务为本。树立以人民为中心的发展思想，维护各方合法权益，为公众提供更安全、更便捷、更绿色的出行服务。

——坚持改革创新。以"互联网＋"行动为契机，发挥市场在资源配置中的决定性作用和更好地发挥政府作用，激发企业创新动力和活力，促进行业健康有序发展。

——坚持规范有序。坚持问题导向，实施包容审慎监管，形成鼓励和规范互联网租赁自行车的发展环境，落实企业主体责任，依法规范企业经营，引导用户守诚信、讲文明，维护正常运行秩序。

——坚持属地管理。城市人民政府是互联网租赁自行车管理的责任主体，充分发挥自主权和创造性，因地制宜、因城施策，探索符合本地实际的发展模式。

——坚持多方共治。充分调动各方面积极性，加强行业自律，引导公众积极参与，形成政府、企业、社会组织和公众共同治理的局面。

二、实施鼓励发展政策

（三）科学确定发展定位。互联网租赁自行车是分时租赁营运非机动车，是城市绿色交通系统的组成部分，是方便公众短距离出行和公共交通接驳换乘的重要方式。各地要坚持优先发展公共交通，结合城市特点做好慢行交通规划，统筹发展互联网租赁自行车，建立完善多层次、多样化的城市出行服务系统。不鼓励发展互联网租赁电动自行车。

（四）引导有序投放车辆。各城市要根据城市特点、公众出行需求和互联网租赁自行车发展定位，研究建立与城市空间承载能力、停放设施资源、公众出行需求等相适应的车辆投放机制，引导互联网租赁自行车运营企业合理有序投放车辆，保障行业健康有序发展和安全稳定运行。

（五）完善自行车交通网络。各城市要合理布局自行车交通网络和停车设施，纳入城市综合交通体系规划并与城市公共交通规划相衔接。积极推进自行车道建设，提高自行车道的网络化和通达性。要优化自行车交通组织，完善道路标志标线，纠正占用非机动车道等违法行为，保障自行车通行条件。

（六）推进自行车停车点位设置和建设。各城市要制定适合本地特点的自行车停放区设置技术导则，规范自行车停车点位设置。对不适宜停放的区域和路段，可制定负面清单实行禁停管理。对城市重要商业区域、公共交通站点、交通枢纽、居住区、旅游景区周边等场所，应当施划配套的自行车停车点位，规范自行车停放。

三、规范运营服务行为

（七）加强互联网租赁自行车标准化建设。鼓励有关社会组织、产业技术联盟制定团体标准；支持各地结合发展规模、城市管理、地形条件、用户骑行习惯等差异化需求，制定运营、维护等地方标准；鼓励企业制定更高水平的产品质量、运营管理、售后服务等企业标准，推进企业产品和服务标准自我声明公开；适时制定基础通用类国家标准。运用生产许可、认证认可、监督抽查等手段，建立标准实施分类监督机制，促进标准落地。投放车辆应当符合有关技术标准规定。

（八）规范企业运营服务。互联网租赁自行车运营企业要加强线上线下服务能力建设。充分利用互联网信息技术加强对所属车辆的经营管理，创新经营服务方式，不断提升用户体验，提高服务水平。合理配备线下服务团队，加强车辆调度、停放和维护管理，确保车辆安全和方便使用。互联网租赁自行车实行实名制注册、使用，运营企业与用户签订服务协议，明确双方权利义务，规范对用户在骑行、停放等方面的要求。禁止向未满12岁的儿童提供服务。明示计费方式和标准，公开服务质量承诺，建立投诉处理机制，接受社会监督。创新保险机制，为用户购买人身意外伤害险和第三者责任险，保障用户和其他人员人身安全。加强信息报送与共享，及时将运营信息报送当地主管部门并实现相关部门信息共享。

（九）加强停放管理和监督执法。互联网租赁自行车运营企业要落实对车辆停放管理的责任，推广运用电子围栏等技术，综合采取经济惩罚、记入信用记录等措施，有效规范用户停车行为，及时清理违规停放、存在安全隐患、不能提供服务的车辆。各地要加强对互联网租赁自行车停放的监督，明确相关主管部门的执法职责。对乱停乱放问题严重、经提醒仍不采取有效措施的运营企业，应公开通报相关问题，限制其投放。

（十）引导用户安全文明用车。用户应当自觉遵守道路交通安全、城市管理等相关法律法规及服务协议约定，做到文明用车、安全骑行、规范停放，骑行前应当检查自行车技术状况，确保骑行安全。不得使用互联网租赁自行车载人，不得擅自加装儿童座椅等设备。加强对互联网租赁自行车使用规范和安全文明骑行的宣传教育，通过公益广告、主题教育、志愿者活动等多种方式，引导用户增强诚信和文明意识、遵守交通法规、遵守社会公德。

（十一）加强信用管理。加快互联网租赁自行车服务领域信用记录建设，建立企业和用户信用基础数据库，定期推送给全国信用信息共享平台。对企业和用户不文明行为和违法违规行为记入信用记录。加强企业服务质量和用户信用评价。鼓励企业组成信用信息共享联盟，对用户建立守信激励和失信惩戒机制。

四、保障用户资金和网络信息安全

（十二）加强用户资金安全监管。鼓励互联网租赁自行车运营企业采用免押金方式提供租赁服务。企业对用户收取押金、预付资金的,应严格区分企业自有资金和用户押金、预付资金,在企业注册地开立用户押金、预付资金专用账户,实施专款专用,接受监管,防控用户资金风险。企业应建立完善用户押金退还制度,积极推行"即租即押、即还即退"等模式。互联网租赁自行车业务中涉及的支付结算服务,应通过银行、非银行支付机构提供,并与其签订协议。互联网租赁自行车运营企业实施收购、兼并、重组或者退出市场经营的,必须制定合理方案,确保用户合法权益和资金安全。

(十三)加强网络和信息安全保护。互联网租赁自行车运营企业应当遵守国家网络和信息安全有关规定,将服务器设在中国境内,并落实网络安全等级保护制度,建立网络安全管理制度,完善网络安全防范措施,依法合规采集、使用和保护个人信息,强化系统数据安全保护。采取的信息不得侵害用户合法权益和社会公共利益,不得超越提供互联网租赁自行车服务所必需的范围;采取的信息和生成的相关数据应当在国内储存和使用。

五、营造良好发展环境

(十四)明确责任分工。各地区、各有关部门要充分认识鼓励和规范互联网租赁自行车的重要意义,加强组织领导、加快制度建设、强化监管服务。城市人民政府要结合本地实际,明确各部门工作责任,建立联合工作机制,加强统筹协调,加快信息共享,促进互联网租赁自行车健康有序发展。地方交通运输部门负责互联网租赁自行车发展政策制定和统筹协调;公安部门负责查处盗窃、损毁互联网租赁自行车等违法行为,查处互联网租赁自行车交通违法行为,维护交通秩序;住房城乡建设部门负责城市自行车交通网络、互联网租赁自行车停车设施规划并指导建设；公安交通管理部门和城市管理部门共同指导互联网租赁自行车停放管理；电信主管部门、公安、网信部门根据各自职责，负责加强互联网租赁自行车服务的网络安全监管，保障用户信息安全。发展改革、价格、人民银行、工商、质检等部门按照各自职责，对互联网租赁自行车经营行为实施相关监督检查，并对违法行为依法处理。

（十五）加强社会公众治理。充分发挥行业协会、产业联盟等各方作用，支持制定发布行业公约，贯彻实施相关标准，加强行业服务和自律管理，强化服务质量监管、第三方评价等。鼓励公众共同参与治理，形成企业主体、政府监管、多方参与的社会治理体系。加大消费者权益保护力度，防范向消费者转嫁经营风险等行为。

（十六）建立公平竞争市场秩序。互联网租赁自行车运营企业应当依法规范经营，不得妨碍市场公平竞争，不得侵害用户合法权益和公共利益。各地区、各有关部门要加强指导和监督管理，创新监管方式，建立完善"双随机"抽查制度，维护各方合法权益。充分发挥舆论监督和社会监督作用，加大对违法违规行为的曝光，营造良好发展环境。

附录二

解读《关于鼓励和规范互联网租赁自行车发展的指导意见（征求意见稿）》

今日，交通运输部对外发布《关于鼓励和规范互联网租赁自行车发展的指导意见（征求意见稿）》（简称《指导意见》），进行为期两周的公开征求意见。运输服务司有关负责人就相关问题接受了中国交通报社记者采访。

记者：《指导意见》的起草背景是什么？

近年来，互联网租赁自行车快速发展。据不完全统计，目前全国共有互联网租赁自行车运营企业30多家，累计投放车辆超过1000万辆，注册用户超1亿人次，累计服务超过10亿人次。

互联网租赁自行车服务极大方便了公众短距离出行和公共交通接驳换乘，在更好地满足公众出行需求、有效解决城市交通出行"最后一公里"问题、缓解城市交通拥堵、构建绿色出行体系等方面发挥了积极作用，推动了分享经济发展。但同时也存在车辆乱停乱放、车辆运营维护不到位、企业主体责任不落实、用户资金和信息安全风险等问题。

记者：《指导意见》是怎么出炉的？

交通运输部密切关注互联网租赁自行车发展态势，对近期以来网络舆情和媒体观点等作了系统分析，对北京、天津、上海、南京、杭州、深圳、成都等已出台或者发布征求意见稿的城市相关政策进行了全面梳理，发函对36个中心城市开展了专题调研，组织开展了网络问卷调查，各相关部门联合召开了地方主管部门、互联网租赁自行车典型企业、专家学者和用户等不同层面的座谈会，通过多种方式广泛听取各方意见和建议。在此基础上，经专题研究、征求意见并反复修改完善，形成了《指导意见》（征求意见稿）。

记者：《指导意见》的原则是什么？

一是坚持问题导向。梳理分析互联网租赁自行车发展过程中出现的主要问题，以"互联网+"为契机，聚焦热点和焦点问题，加强制度设计，促进规范发展。

二是坚持鼓励创新。鼓励和规范互联网租赁自行车发展，充分发挥市场机制作用和政府引导作用，营造良好发展环境。

三是坚持统筹协调。结合各地实践中反映出的共性问题，研究提出方向性要求，同时充分发挥城市人民政府的管理主体作用，为地方细化措施留有空间。

记者：互联网租赁自行车的定位和发展思路是什么？

结合互联网租赁自行车的功能和服务特点，提出互联网租赁自行车的定位是分时租赁营运非机动车，是城市绿色交通系统的组成部分，是方便公众短距离出行和公共交通接驳换乘的重要方式。

《指导意见》将"共享单车"名称定为"互联网租赁自行车"，充分肯定其带来的积极作用和推动分享经济发展的作用，明确"鼓励和规范发展"的总体方向，确立"鼓励创新、支持发展、因势利导、因地制宜"的总体思路。

记者：如何解决车辆投放问题？

《指导意见》要求各城市根据城市特点、公众出行需求和互联网租赁自行车发展定位，研究建立车辆投放机制，引导运营企业合理有序投放车辆。

记者：如何解决车辆乱停乱放问题？

城市政府要加快自行车交通网络建设，合理布局自行车交通网络和停车设施，优化自行车交通组织，保障自行车通行条件。推进自行车停车点位设置和建设，要求各地制定自行车停放区设置技术导则，对不适宜停放的区域和路段可制定负面清单实行禁停管理，对城市重点场所应当施划配套的自行车停车点位。

运营企业要落实车辆停放管理的责任，推广运用电子围栏等技术，综合采取经济惩罚、记入信用记录等措施，有效规范用户停车行为。加强对互联网租赁自行车使用规范和安全文明骑行的宣传教育，通过公益广告、主题教育、志愿者活动等多种方式，引导用户增强诚信和文明意识、遵守交通法规、遵守社会公德。

用户要讲诚信、讲文明，自觉维护交通秩序。

记者：运营企业在互联网租赁自行车发展中负有什么责任？

《指导意见》对企业主体责任和运营服务规范作出了明确要求。一是加强互联网租赁自行车标准化建设，支持制定互联网租赁自行车团体标准、地方标准、企业标准，适时制定基础通用类国家标准。二是加强企业线上线下服务能力建设，提出了企业线下服务团队配备，实行实名制注册、使用，签订服务协议，规范用户骑行停放，建立投诉处理机制，完善保险机制和加强信息报送及共享等方面的要求。三是从督促企业落实管理责任、加强用户违规行为监管、强化监督执法等方面，明确加强自行车停放管理的具体措施。四是从规范用户行为、加强宣传教育等方面，引导用户安全文明用车。五是加强信用管理。加快信用记录建设，推动建立守信激励和失信惩戒机制。

记者：如何保障用户资金安全？

首先，鼓励互联网租赁自行车企业采用免押金方式提供租赁服务。其次，企业对用户收取押金、预付资金的，应严格区分企业自有资金和用户押金、预付资金，在企业注册地开立用户押金、预付资金专用账号，实施专款专用，接受监管等，并要求建立完善用户押金退还制度。此外，《指导意见》明确了相关支付结算要求。

记者：如何保障网络和信息安全？

针对用户比较关心的网络和信息安全问题，《指导意见》要求从两方面着手。一是要求互联网租赁自行车运营企业应当遵守国家网络和信息安全有关规定，将服务器设在中国境内，落实网络安全等级保护制度，建立网络安全管理制度，完善网络安全防范措施，强化系统数据安全保护。

二是规定相关信息使用范围，要求运营企业采取的信息，不得侵害用户合法权益和社会公共利益，不得超越提供互联网租赁自行车服务所必需的范围，相关数据在国内储存和使用。

记者：如何建立公平竞争市场秩序？

一是明确责任分工。明确城市人民政府是管理的责任主体，对地方交通运输、公安、住房城乡建设等各有关部门职责进行了界定。

二是加强社会公众治理。充分发挥行业协会、产业联盟等各方作用，加强消费者权益保护，鼓励公众共同参与，形成企业主体、政府监管、多方参与的社会治理体系。

三是建立公平竞争市场秩序。规定运营企业应当依法规范经营，不得妨碍市场公平竞争,不得侵害用户合法权益和公共利益。各地区、各有关部门要加强指导和监督管理,充分发挥舆论监督和社会监督作用,营造良好发展环境。

中国交通新闻网,2017 年 05 月 22 日